Die geheimen Zeichen und Rituale der Freimaurer

1. Auflage Oktober 2002
2. Auflage April 2004
3. Auflage Oktober 2006
4. Auflage Februar 2009
5. Auflage März 2011

Umschlaggestaltung: Angewandte Grafik/Peter Hofstätter
Satz und Layout: Agentur Pegasus, Zella-Mehlis
Druck und Bindung: CPI – Clausen & Bosse, Leck

ISBN 3-930219-51-4

FSC www.fsc.org MIX Papier aus verantwortungsvollen Quellen FSC® C083411

Gerne senden wir Ihnen unser Verlagsverzeichnis
Kopp Verlag
Pfeiferstraße 52
72108 Rottenburg
E-Mail: info@kopp-verlag.de
Tel.: (0 74 72) 98 06-0
Fax: (0 74 72) 98 06-11

Unser Buchprogramm finden Sie auch im Internet unter:
www.kopp-verlag.de

KARL-HEINZ ZUNNECK

DIE GEHEIMEN ZEICHEN UND RITUALE DER FREIMAURER

KOPP VERLAG

Inhalt

Vorwort

Seit Menschengedenken existieren Geheimbünde, Mysterien-Zirkel und sektenartige Organisationen. Sieht man sich die Geschichte unserer Zivilisation unter dem Blickwinkel nichtöffentlicher Verbindungen an, so wird man unschwer feststellen können, daß es schon immer Vereinigungen gab, die aus den unterschiedlichsten Gründen mehr oder weniger verborgen operierten, eigene Erkennungszeichen hatten und oft nur den Mitgliedern bekannte Rituale pflegten. Manche von ihnen arbeiteten territorial eng begrenzt, andere nahmen nationalen Charakter an, während wieder andere global zu agieren versuchten. Beinahe allen war gemein, daß sie sich gegen bestehende gesellschaftliche Strukturen wendeten oder ihre Mitglieder in Abhängigkeit zu bringen versuchten.

Eine der geheimen Vereinigungen, die insbesondere in den letzten dreihundert Jahren von sich Reden gemacht hat, ist die Freimaurerei. Sie soll in dem vorliegenden Buch Gegenstand etwas näherer Betrachtungen sein, insbesondere was ihre Geschichte, Zeichen und Rituale anbetrifft.

Gewiß, die Freimaurer selbst haben sich nie als Geheimbund betrachtet, sondern vielmehr als »geschlossene« oder »diskrete Gesellschaft« gesehen. Das Ziel der Freimaurerei war und ist es, so die eigene Aussage, den Menschen »sittlich zu veredeln«, also eine Höherentwicklung oder »Vergöttlichung« zu erreichen – ein außerordentlich schwieriges Unterfangen, wie die Geschichte gezeigt hat. Daß dieses Ziel beispielsweise in der Epoche der europäischen Aufklärung durchaus in gewisser Weise eine Berechtigung hatte, steht außer Frage, denn in einer Zeit, als Krone, Adel und Kirche unangefochten herrschten und den Menschen aufgrund des vorherrschenden Standesdenkens einen festen, unveränderlichen Platz in der Gesellschaft zuwiesen — und mit diesen starren Regelungen vielen Individuen die Entwicklungsmöglichkeiten verbauten —, blieb für das aufstrebende Bürgertum anfänglich nur ein unterer Platz auf der gesellschaftlichen Rangleiter. Veränderungen im System wurden nur allzu oft als Rebellion wider die Staatsgewalt angesehen und waren daher nur im Geheimen zu organisieren. Doch selbst in solchen Fällen blieb das Wirken bürgerlich-demokratischer, reformistischer Vereinigungen nicht unerkannt, so daß sie von den Herrschenden vielfach verfolgt und verboten wurden und ihre Mitglieder zahlreichen Nachstellungen ausgesetzt waren.

In vielen Darstellungen über die Freimaurerei ist zu lesen, daß die Bewegung den Liberalismus in Europa und andernorts begründete und damit unsere heutigen gesellschaftlichen Strukturen vorbereiten half. Die Freimaurerei war zweifellos ein Element der Französischen Revolution von 1789, als die Begriffe Freiheit – Gleichheit – Brüderlichkeit Geltung erlangten, wenn nicht gar wesentlich von ihr beeinflußt. Nicht vergessen werden darf aber, daß die Umwälzungen, die mit dem Übergang des feudalaristokratischen Systems zur Herrschaft des Volkes verbunden waren, nur in den wenigsten Fällen friedlich verliefen. Die Revolutionen in Frankreich, Spanien und Portugal — um nur drei Beispiele zu nennen — hinterließen Berge von Leichen, und im Falle Frankreichs wurden die Kinder der Revolution von ihr selbst »gefressen«.

Eine interessante, weil meines Erachtens passende Beschreibung der Gründe, die darüber hinaus zur Entstehung der *modernen* Freimaurerei geführt haben mögen, zeigte der Jesuit Koch in dem von ihm herausgegebenen »Jesuitenlexikon« (Paderborn 1934) auf:

»Nicht selten hat man den Freimaurerbund mit dem Jesuitenorden verglichen. Nicht mit Unrecht, denn beide verhalten sich zueinander wie Pol und Gegenpol. Beide Verbindungen stammen aus der Periode des untergehenden Mittelalters: Während der Jesuitenorden sich für die mittelalterliche Idee der kirchlichen Hierarchie begeisterte, fingen die Freimaurer an, in ihrer Weise an dem großen Neubau der modernen Gesellschaft zu arbeiten. Beide Vereine haben sich von Anfang an über die lokale und nationale Beschränkung erhoben, der Jesuitenorden als ein christliches Institut, die Freimaurerei als ein rein menschlicher Verein.«

Bezugnehmend auf den Freimaurer-Orden führte Koch außerdem aus:

»Die Gegner fanden sich; im 18. Jahrhundert, dem Aufklärungs- und Geheimbund-Jahrhundert, sammelten sich unter dem Zeichen der Maurer, und bald stellten sie eine Macht ins Feld, nicht minder geschlossen, nicht minder zielbewußt als die des Gegners, stärker aber dadurch, daß diese Macht nicht im hellen Tageslicht wirkte, sondern in dem geheimnisvollen Zwie- und Dämmerlicht der Logen. Diese Macht hatte ihre Verbündeten an jedem Hof; an jedem ›aufgeklärten‹ Bischofssitz; in jedem Domkapitel saßen ihre Getreuen.«

Angesichts der Kochschen Argumentation wundert es nicht, daß der Bund der Freimaurer bei seinen Gegnern auf wenig Gegenliebe stieß, glaubten diese doch in ihm einen raffiniert arbeitenden Gegenpart zu erkennen, der zwar Humanität predigte, in der Wahl der Mittel aber genauso geschickt, wenn nicht gar genauso militant wie der Jesuitenorden vorging. (Die Jesuiten verstanden es nicht nur, sich stets in rechte Licht zu setzen, sondern arbeiteten, wenn es der politische Zweck heiligte, auch mit konspirativen Mitteln. Selbiges vermuteten sie freilich auch von ihrer Gegnerschaft.)

Mit hoher Wahrscheinlichkeit werden Freimaurer die Kochsche Darstellung alles andere als überzeugend finden. Nach meinem Dafürhalten ist sie aber nicht völlig von der Hand zu weisen, insbesondere was die spätere Bildung von Orden mit Hochgrad-Systemen anbetrifft, die genaugenommen dem ursprünglich betriebenen Drei- oder Viergradsystem der Johannis-Logen-Freimaurerei widersprechen. Doch dazu werden später noch einige Argumente zu beleuchten sein.

Mit dem Übergang der gesellschaftlichen Entwicklung vom Feudalismus zum Bürgertum nahmen die Freimaurer-Vereinigungen und deren Verbreitung zu. Dennoch war ihnen keine große Erfolgsgeschichte beschieden, denn sie waren bis in die Moderne immer wieder Ziel von Nachstellungen, insbesondere in totalitären Systemen, so auch – um aktuellere Bezüge zu veranschaulichen – unter dem Nationalsozialismus in Deutschland oder dem weltweit agierenden kommunistischen System. Viele Mitglieder von Freimaurer-Logen wurden nicht nur gemaßregelt, sondern waren auch der Folter ausgesetzt oder wurden gar umgebracht.

Den Freimaurern wurde dabei immer wieder vorgeworfen, bestehende gesellschaftliche Verhältnisse unterwandern oder gar zersetzen zu wollen, und im boshaftesten Falle wurde sogar behauptet, die Freimaurerei sei wichtiger Bestandteil einer überstaatlichen, übernationalen bolschewistisch-jüdischen Weltverschwörung mit dem Ziel, eine »Eine-Welt-Regierung« und eine weltweite, einheitliche Religion zu schaffen.

Bis heute spuken so die ungewöhnlichsten und abenteuerlichsten Vorstellungen über die Freimaurer und ihr Wirken durch die vorhandene Literatur. Selbst im letzten Drittel des ach so aufgeklärt erscheinenden 20. Jahrhunderts hat es keine Einigung darüber gegeben, was die Freimaurer mit ihren Logensystemen eigentlich bezwecken wollen, da öffentliche Stellungnahmen seitens der Logen immer wieder auf Unglauben stoßen und im Gegenzug mit zahlreichen Anfeindungen, aber auch einer Vielzahl finsterster Verschwörungstheorien beantwortet werden.

Tatsache ist, daß sich z. B. die katholische Kirche seit jeher in ihrem Urteil konsequent gegen die Freimaurerei gewendet hat, was für viele Menschen auch heute noch als ein deutliches Indiz erscheint, daß diese als Wolf im Schafspelz agiert. So hieß es beispielsweise in der päpstlichen Enzyklika »Humanum genus« aus dem Jahre 1884, die an Deutlichkeit kaum mehr zu übertreffen ist:

»Neben dem Reich Gottes auf Erden, der wahren Kirche Christi, gibt es noch ein anderes Reich, das des Satans, unter dessen Herrschaft alle stehen, die dem ewigen göttlichen Gesetz den Gehorsam verweigern [...]. In unseren Tagen scheinen alle diejenigen, die dieser zweiten Fahne folgen, miteinander verschworen zu sein in einem überaus erbitterten Kampf unter der Leitung und Hilfe des Bundes der sogenannten Freimaurer.«

Ein anderer Grund für den Unglauben, den viele Darstellungen der Freimaurer in der Öffentlichkeit erzeug(t)en, hat mit der Sinneshaltung der Profanen, also von uns Normalsterblichen, zu tun. Wir leben seit dem Beginn der industriellen Revolution vor ca. 200 Jahren in einer zunehmend materialistisch geprägten Welt, in der Maßstäbe wie beruflicher Erfolg, Besitz und die Höhe des Kontostandes andere Werte an den Rand gedrängt haben. Kommt dann jemand daher und erklärt, es gehe ihm nicht um all die materiellen Dinge, sondern um etwas rein Geistiges, um eine Höherentwicklung des Menschen, dann wird er im geringsten Falle ungläubige Blicke ernten. Trifft sich ein solcher »Außenseiter« dann aber noch mit seinesgleichen und veranstaltet er bei diesen Treffen Zeremonien, die Außenstehenden wie ein Buch mit sieben Siegeln vorkommen, ist es nur eine Frage der Zeit, bis die ersten Verschwörungsgerüchte die Runde machen. Die Ziele und Rituale der Freimaurer erscheinen modernen Menschen genaugenommen also noch weitaus unverständlicher als das, was in den Kirchen von heute vor sich geht.

Es hat natürlich in den letzten Jahrzehnten nicht an Versuchen gemangelt, das Wirken der Freimaurerei objektiv darzustellen. Doch selbst das ist kaum gelungen, denn entweder verstiegen sich die Autoren zu — wenn auch leisen — Lobgesängen über die Freimaurerei und wiesen alle anderslautenden Behauptungen *ohne Prüfung* einfach als »dummdreiste Verschwörungstheorien« ab, was bei genauer Betrachtung unseriös ist, oder aber man rutschte im Laufe der Arbeiten bewußt oder unbewußt auf ein Niveau ab, das unreflektiert und unbewiesen die gesamte Freimaurerei für diverse unschöne Zustände in Politik und Wirtschaft verantwortlich machte, was ebenfalls mangelnde Seriosität aufzeigt, weil hier ganz offensichtlich nicht differenziert wurde. Wieder andere versuchten mit wissenschaftlichen Methoden eine Analyse der Freimaurergeschichte und -tätigkeit, was dazu führte, daß oft nur Fakten präsentiert wurden, die aber eigentlich einer Erklärung bzw. Interpretation bedurft hätten. Um diese drückte man sich leider allzuoft herum. Und ob man mittels wissenschaftlicher Methoden, also rein rationaler Betrachtungsweisen, überhaupt Sinn und Zweck des Freimaurer-Mysterienbundes, der nach eigener Aussage rein geistige Ziele verfolgt, verständlich darzustellen vermag, bleibt ohnehin fraglich.

Meines Erachtens kann es eine wirklich *alle* Fakten umfassende Darstellung der freimaurerischen Geschichte und Aktivitäten in objektiver Form nicht geben. Wer derartiges als Autor von sich behauptet, hat den Boden unter den Füßen verloren. Dieser Umstand resultiert schon allein aus der Natur der Sache, denn Autoren, die wie ich Nicht-Freimaurer sind, dürften nur in den seltensten Fällen in der Lage sein, das *vollständige* Wesen der Freimaurerei zu begreifen, während diejenigen, die Freimaurer sind und Bücher verfassen, in bestimmter Art und Weise vorbelastet erscheinen und demzufolge in ihre Darstellungen nicht nur subjektive Bezüge einfließen lassen, sondern logischerweise eine »Nestbeschmutzung« vermeiden werden. Diese würde, neben der Offenbarung der Dinge, auf die man ein Gelöbnis abgelegt hat, den Zielen der Freimaurerei und ihrer öffentlichen Selbstdarstellung zuwiderlaufen. Hinzu kommt das Problem, daß aufgrund verschiedener Einweihungsgrade innerhalb der Freimaurerei, worauf ich noch zu sprechen kommen werde, die untersten Grade möglicherweise nur über Dinge informiert sind, die das klassische und vielbehauptete Ziel der Freimaurerei nach der Höherenwicklung des Menschen unterstützen, während beispielsweise die Hochgrad-Freimaurerei — nun erst einmal ganz spekulativ betrachtet — auch andere, unerkannte Ziele verfolgen *könnte*. Die schreibende Zunft innerhalb der Freimaurerei hätte im erstgenannten Fall nichts zum Thema zu sagen, weil sie wirklich nichts weiß, während es die Hochgrad-Eingeweihten kaum tun würden. Oder doch?

Es gibt, wenn man sich insbesondere ältere Darstellungen zur Freimaurerei ansieht, die ich im übrigen für eine Analyse am geeignetsten halte, natürlich Ausnahmen von der Regel. So haben einige freimaurerische Autoren »ihr Nest beschmutzt«, als sie in ihren Darstellungen Kritik übten oder aber in bezug auf bestimmte Vorgänge innerhalb der Logen sehr deutlich wurden und Mißstände anprangerten. All das hat die Freimaurer-Bewegung keineswegs in einem Licht erschienen lassen, das geeignet wäre, die »geschlossene Gesellschaft« als etwas durchweg Positives zu bezeichnen. Ungeschickterweise haben so die Freimaurer in den vergangenen Jahrzehnten und Jahrhunderten immer wieder *selbst* zahlreiche Angriffsflächen geboten, ganz abgesehen von der Tatsache, daß manche von ihnen öffentlich Entgegnungen auf Angriffe von Freimaurer-Gegnern vorbrachten, die sich im Nachhinein als unwahr herausstellten! Die Gegner hatten ihre Hausaufgaben gemacht und freimaurerische Quellen studiert, die kurioserweise allzuoft »Munition« gegen die freimaurerische Argumentation lieferten. Es handelte sich dabei keineswegs um Erfindungen, wie mancher Bruder zunächst vermutete, sondern diese Quellen existierten nachweislich, waren den »Eingeweihten« – vor allem unterer Grade – jedoch unbekannt. Alles in allem wurde dabei offenbar, daß viele Freimaurer-Brüder, insbesondere die der unteren Grade der sogenannten Johannis-Maurerei, oft über ein zu geringes Hintergrundwissen verfügten, womit sie sich und die von ihnen vertretene Sache zum Schluß selbst bloßstellten.

Natürlich haben viele Freimaurer-Logen und -Orden versucht, gegen sie vorgetragene Argumente dahingehend zu entkräften, daß man sie als das Werk fremder Bünde bezeichnete, mit denen man selbst nichts zu tun habe.

Beispielsweise argumentierten deutsche Logen in den Jahren zwischen den beiden großen Weltkriegen des 20. Jahrhunderts, daß sie mit Orden in Frankreich oder Großbritannien »rein gar nichts« zu tun hätten, wenn es darum ging, Angriffe vor allem deutschnationaler Kreise abzuwehren. Solcherart vorgetragene Behauptungen erschienen allerdings nie besonders glaubwürdig, weil es nach dem Bekunden der Väter der modernen Maurerei »nur eine Freimaurerei gibt«.

Betrachtet man die vielen Auseinandersetzungen zwischen den Freimaurern und ihren Gegnern, so muß man feststellen, daß beide Seiten hier kein Ruhmesblatt geschrieben haben. Hinzu kommt die Tatsache, daß in moderner Zeit, und ich meine hiermit die letzten 100 Jahre freimaurerischer Geschichte, sich auch immer wieder ehemalige Freimaurer zu Wort gemeldet haben, deren Erlebnisberichte keineswegs dazu beitrugen, das Bild der Freimaurerei in der Öffentlichkeit zu verbessern.

Nach intensiverer Beschäftigung mit dem Thema kann ich nur davor warnen, sich vorschnell für oder wider die Freimaurerei zu entscheiden, insofern man sich zu dieser Thematik überhaupt eine eigene Meinung bilden kann und will. Mitglieder von Freimaurer-Logen waren und sind auch Personen, die angesichts der allgemeinen Behauptung, die Freimaurerei wende sich in ihrem Wirken gegen Krone und Altar bzw. ganz allgemein gegen konservative Kräfte, aufgrund ihrer Herkunft und ihres Standes so gar nicht ins Bild passen. Ich darf hier nur an den Preußenkönig Friedrich II., der auch der Große genannt wurde, erinnern. Es reicht daher in vielen Fällen nicht aus, auf Pauschalurteile zu vertrauen, sondern man muß den beschwerlichen Weg der eingehenden Analyse einschlagen, um zu überzeugenden Ergebnissen zu gelangen. Dies ist jedoch eine zeitaufwendige und langwierige Angelegenheit, deren Ergebnisse wohl nur in einem Buch mit weit über 1000 Seiten darzustellen wären. Aufgrund der Beschränkung auf eine definierte Seitenzahl bin ich mir der Tatsache bewußt, zum Thema der Freimaurerei, die bildlich gesprochen wie ein See vor mir liegt, nur einzelne Wassertropfen einer näheren Betrachtung unterziehen zu können. Die Fettnäpfchen, in die man aufgrund einer solchen »Teilbeschauung« des Themas treten kann, sind bei einer derartigen Verfahrensweise geradezu vorprogrammiert, was mich allerdings nicht schreckt, das Ganze trotzdem aufzugreifen. Ich nehme zudem nicht für mich in Anspruch, eine objektive Arbeit abliefern zu wollen, weil ich weiß, daß das aus den vorgenannten Gründen nicht möglich ist. Viele, die den Begriff »objektiv« im Zusammenhang mit der Freimaurerei gebraucht haben, sind zudem bei ihren Betrachtungen keineswegs ausgewogen vorgegangen, sondern haben zumeist die gesamte Argumentationskette der Freimaurer-Gegner verschwiegen oder als bloße »Verschwörungstheorie« abgetan. Das ist unseriös, weil mit den Tatsachen unvereinbar, und nichts anderes als eine Schwarzweiß-Malerei, bei der man geflissentlich die zwischen Schwarz und Weiß existierenden Graustufen übersehen hat – oder übersehen wollte.

Selbst im Bemühen um eine verschiedene Betrachtungsweisen umfassende Darstellung bleibt generell festzuhalten, daß der Umstand, daß sich die Freimaurer als »geschlossene Gesellschaft« bezeichnen bzw. in der Öffentlichkeit meist als geheimer Bund angesehen werden, zu Mißtrauen bei vielen Nichteingeweihten – den sogenannten Profanen, wie sie von den Freimaurern genannt werden – geführt hat, denn man erweckt beinahe zwangsläufig den Eindruck, als halte man wesentliche Informationen oder ein geheimes Wissen zurück. Kann eine Organisation, die mit Erkennungszeichen, speziellen Riten und unter Ausschluß der Öffentlichkeit arbeitet, wirklich erwarten, daß man ihre – eigentlich löblichen – Zielsetzungen ohne weiteres akzeptiert? Wahrscheinlich nicht, zumal die Öffentlichkeit bis auf ein speziell interessiertes Publikum in der Regel wenig über die Geschichte der Freimaurerei weiß und aufgrund der schon viele Jahrzehnte anhaltenden Kampagne gegen diese »diskrete Gesellschaft« sich gewisse Positionen verfestigt haben, getreu dem Motto, daß, wenn jemand nur mit genügend Schlamm wirft, immer etwas hängenbleibt.

Nach meinen Dafürhalten hat sich die Freimaurerei aufgrund ihre Vorgehensweise sowie der nun einmal nicht zu leugnenden Tatsache, daß die öffentliche Meinung hinter Geheimem meist auch etwas Dunkles oder Schmutziges vermutet, teilweise selbst den Weg zu einer vorurteilsfreien Bewertung verbaut, was bedauerlich ist. Auch diese »geschlossene Gesellschaft« hätte sich im Laufe der Zeit stärker als bislang reformieren müssen, um nach außen hin ein ihren Zielen entsprechendes Erscheinungsbild abzugeben. Doch auch hier sind nur Menschen am Werk – und die machen Fehler wie jeder andere auch, selbst wenn sie hohe und edle Ziele verfolgen.

Ein besonderes Problem sehe ich in der »Struktur« der Freimaurerei, die mit verschiedenen Einweihungsstufen, Graden genannt, operiert, die wiederum unterschiedlichen Informationsebenen entsprechen. Die unteren Grade sind meines Erachtens wirklich den von ihnen behaupteten humanistischen Zielsetzungen ergeben und verteidigen diese mit Feuereifer, während ich mir im Falle der Hochgrad-Freimaurerei absolut nicht sicher bin, ob man auch hier ausschließlich eine Veredlung des Menschen anstrebt.

Hierarchisch aufgebaute Systeme sind in der Geschichte der Menschheit zu keiner Zeit Systeme der Offenheit gewesen, sondern waren stets machtpolitisch organisierte Strukturen, die der Durchsetzung jener Vorhaben dienten, die an der Spitze der Hierarchie ausgeklügelt wurden. Man handelte hier nach dem altbekannten Grundsatz: Wissen ist Macht. Sollte die Freimaurerei die rühmliche Ausnahme von der Regel sein? Ich muß auf diese Frage mit einem klaren »Nein« antworten, denn allein die Geschichte der letzten 300 Jahre in Europa zeigt, daß Freimaurer allzuoft in politische Ränkespiele eingriffen.

Die Freimaurer selbst werden in jedem Falle behaupten, daß sie unpolitisch seien, denn die Grade ihrer Bewegung werden von ihnen nicht als hierarchisches System, sondern als Einweihungsstufen verstanden, wobei sich die Argumentation allerdings im Kreise dreht, denn diese Stufen der Einweihung sind doch nichts anderes als Unterschiede des Wissensniveaus. Und wo Unterschiede existieren, kann nicht von Gleichheit gesprochen werden.

Begeben wir uns also auf den Weg, um etwas mehr über die Freimaurerei zu erfahren. Auch wenn das vorliegende Buch den Titel »Die geheimen Zeichen und Rituale der Freimaurerei« trägt, so kann eine alleinige Betrachtung der Symbolik und der Vorgänge in den Logen nicht ohne eine allgemeine Schilderung der Geschichte und damit im Zusammenhang stehender Probleme der Bewegung erfolgen. Bedenken Sie dabei bitte stets, daß diese Schrift nur *eine* Facette im Bild der Freimaurer-Darstellungen ist, die aus den von mir bereits im vorhinein aufgezeigten Gründen nur einen *Auszug der Wirklichkeit* präsentieren kann.

Karl-Heinz Zunneck
September 2002

Kapitel 1

Sinn und Zweck der Freimaurerei — die »Geschlossene Gesellschaft« über sich selbst

Die Freimaurerei war und ist in der Neuzeit zahlreichen Anfeindungen ausgesetzt gewesen. Während es vor dem Ersten Weltkrieg insbesondere die katholische Kirche war, welche die Freimaurerei verurteilte, tauchte danach eine ganze Reihe anderer Mächte, Organisationen und Gruppen, ja ganzer Staatsgebilde auf, die gegen sie Stimmung machten. Im faschistischen Italien rottete Mussolini aufgrund eines von ihm erlassenen Antifreimaurergesetzes die Logen mit Stumpf und Stil aus, in Deutschland waren es rechtsnationale Kreise, vor allem um den General Ludendorff, die das Freimaurertum heftigst attackierten – und damit den Vernichtungsfeldzug gegen die Bewegung durch die Nationalsozialisten vorbereiteten. Auch die kommunistischen Sowjets stellten nach der Oktoberrevolution im Jahre 1918 immer wieder klar, daß sie die Freimaurerei mit allen Mitteln bekämpfen würden, so sich die Logen auf ihr Territorium vorzuwagen versuchten.

All diesen in mehr oder weniger heftiger Form vorgetragenen »Kriegserklärungen« ist eigen, daß man den Freimaurern alle nur erdenklichen Verbrechen vorwarf, so daß sich einige Freimaurer-Brüder schließlich zu der zynischen Bemerkung veranlaßt sahen, man möge doch angesichts der Vorwürfe, die da laut würden, die Gefängnisse der Welt öffnen und die dort inhaftierten Gauner und Verbrecher freilassen, weil deren Taten im Vergleich zu dem, was der Freimaurerei untergeschoben würde, eher gering seien.

Bei einigermaßen ausgewogener Betrachtung muß festgestellt werden, daß die Beschuldigungen, die gegen die Logen und ihre Mitglieder gerichtet wurden, teilweise nicht nur jeder Grundlage entbehrten, sondern mitunter allein dem Zweck dienten, einen Schuldigen für gesellschaftliche Mißstände, die insbesondere während der letzten 300 Jahre recht zahlreich waren, zu suchen. Zu allen Zeiten hat es derartige Versuche gegeben, bestimmte gesellschaftliche Gruppierungen zu Sündenböcken zu stempeln. Die Freimaurerei war dabei in moderner Zeit ein besonders beliebtes Opfer – und ist es bis zum heutigen Tag geblieben, was objektive Ursachen hat, die leider auch mit ihr selbst zusammenhängen.

Die Freimaurerei sieht sich in einer ganz anderen Position. So behauptet sie, daß, würde man ihre Geschichte der letzten Jahrhunderte einer genauen Betrachtung unterziehen, jedermann klar werden würde, daß es der Organisation nicht um eine Weltverschwörung geht. Allein die vielen hundert Großlogen sowie Tausende von Logen seien *ein Zeichen der Zerrissenheit* der Bewegung, so daß es unmöglich wäre, hier von einem gemeinsamen Vorgehen zu sprechen. Es gebe nur eine Gemeinsamkeit: die Idee der Freimaurerei bzw. die Symbolik, die diese Idee umschließt und in einer bestimmten Form gepflegt werde. Diese Form entspreche dem, was alte Myste-rienbünde getan hätten, weshalb sich Sinn und Zweck der Freimaurerei Außenstehenden, den sogenannten Profanen, kaum erschließen könnten. Zudem wäre auch die Auslegung der Idee der Freimaurerei in den einzelnen Staaten verschieden, so daß von einer einheitlichen Linie, einer gar oft vermuteten »Freimaurer-Regierung« überhaupt keine Rede sein könne. Die Bewegung gleiche vielmehr der Situation der weltweit agierenden Religionen: Obwohl alle an einen gemeinsamen Schöpfergott glaubten, seien die Auffassungen über das »Wie« der Religionsausübung oft grundverschieden. Und so sei das auch bei der Freimaurerei: Es gebe Großlogen, deren Leiter Könige bzw. Mitglieder des Adels waren und sind, während auf der anderen Seite bürgerlichen Schichten entstammende Personen die Führungsgeschicke übernommen hätten. Der eigentliche Gedanke der Freimaurerei habe nichts mit weltpolitischen, -wirtschaftlichen oder gar -religiösen Ambitionen zu tun, sondern sei rein *geistiger* Natur. *Genau das sei auch das vielbeschworene Geheimnis der Freimaurerei.* Die Logenbrüder dienten somit einer abstrakten Idee, die in Symbolen gelehrt werde.

Auch habe die Freimaurerei kein praktisches Programm, wie immer wieder behauptet werde. Alles, was die Gründer der modernen Freimaurer ihren Nachfolgern vermacht hätten, sei ein moralisches Pflichtenheft, die sogenannten »Alten Pflichten« aus dem Jahre 1723, in dem die uralte Idee der Freimaurerei, der Humanitätsgedanke nämlich, niedergelegt worden sei.

Sehr deutlich wird das, was die Freimaurer wollen, zum Beispiel im »Allgemeinen Handbuch der Freimaurerei«, dem Standardwerk der deutschen Bewegung, angesprochen. Hier heißt es u. a.:

»Freimaurerei ist die Tätigkeit engverbundener Männer, die unter Anwendung sinnbildlicher, größtenteils dem Maurerhandwerk und der Baukunst entlehnter Formen für das Wohl der Menschheit wirken, indem sie sich und andere sittlich zu veredeln versuchen, um dadurch einen allgemeinen Menschheitsbund herbeizuführen, den sie unter sich im kleinen bereits darstellen wollen.«

In einer anderen grundlegenden Schrift der Freimaurerei, den »Satzungen für die holländischen Brüder«, heißt es ergänzend:

»Zweck der Freimaurerei ist zunächst die Vervollkommnung des einzelnen und die Leitung der Menschheit auf dem Wege zu vollkommener und harmonischer Entwicklung. Sie lehrt, daß die erste Pflicht des Menschen ist, sich

Titelblatt der englischen Konstitution aus dem Jahre 1723.

dem Wohle der Gesellschaft zu weihen und, wenn nötig, zu opfern. Sie forscht nach den allen Menschen gemeinsamen Gefühlen, um die Nationen zu vereinigen, und verfolgt den Zweck, die Vorurteile, die Quelle der Feindschaft unter den Völkern, zu vernichten. Sie strebt dahin, diese Grundsätze im gesellschaftlichen Leben zur Geltung zu bringen, und leiht Beistand und Hilfe überall, wo auf gleicher Grundlage Anstrengungen gemacht werden, das Wohl der Menschheit zu fördern.«

Die Ziele der Freimaurerei sind damit klar abgesteckt und sollen durch die Verbreitung des Humanitäts- wie auch des Toleranzgedankens umgesetzt werden. Dieser bedeutet dabei nicht nur die stillschweigende Duldung anderer Auffassungen und Gesinnungen, er beinhaltet die uneingeschränkte Anerkennung der Gewissens- und Geistesfreiheit, die Abkehr von jeglicher dogmatischen Bindung. Und genau das sei, so die Maurer, auch der Grund für den Kampf der Gegnerschaft gegen die Freimaurerei, denn man würde in den Zielen der Bewegung gleichzeitig Gottlosigkeit und Religionsfeindschaft erkennen wollen, was jedoch nicht der Fall sei. Die Verpflichtung zum Glauben an Gott, einen allmächtigen Schöpfer, sei vielmehr wesentlicher Bestandteil der meisten Freimaurer-Bünde und so auch in den »Alten Pflichten« festgehalten worden. Allerdings müsse berücksichtigt werden, daß die Freimaurerei selbst keine Religion sein wolle. Vielmehr würden sich auf ihrem Boden Dogmengläubige und Dogmenlose in Gemeinschaft begegnen.

Die Toleranzidee der Freimaurerei bedeute auch nicht die Verpflichtung der Mitglieder, ihren Glaubensauffassungen untreu zu werden, sie beziehe sich vielmehr auf bestimmte Voraussetzungen, um im Bund selbst tätig zu werden.

In den Jahren der Existenz der Freimaurerei aufgetauchte Behauptungen, die Bewegung sei eine Sekte, werden ebenfalls abgelehnt. Als Sekte, so die Begründung der Freimaurer, müßte sie Dogmen besitzen, müßte sie von ihren Mitgliedern die Unterwerfung unter Lehrsätze fordern, was aber eindeutig nicht der Fall sei. Freimaurerei wäre vielmehr als Gesinnungsgemeinschaft zu verstehen.

Das gleiche gilt prinzipiell für die oft geäußerte Vermutung, die Freimaurerei würde als Geheimbund auf natio-

Typische antimaurerische Karikatur (England, um 1800), die der Öffentlichkeit zeigen sollte, »wie ein Freimaurer gemacht wird«.

naler bzw. internationaler Ebene agieren. Man gibt zwar zu, eine »geschlossene Gesellschaft« zu sein, weist aber den Anwurf, man agiere als Geheimorganisation, weit von sich. Nach Meinung der Bruderorganisationen gebe es keinerlei Merkmale innerhalb der Freimaurerei, die eine solche Annahme rechtfertigen würden. Die Geschichte des Bundes, ihr Zweck, ihre Einrichtungen und auch ihre Organisation seien allgemein bekannt, ihre Statuten in allen Nationen, deren Gesetze dies vorschreiben, von den Behörden anerkannt und genehmigt; man kenne weder »unbekannte Obere«, noch den von der Gegnerschaft oft kolportierten »unbedingten Gehorsam« gegenüber den Geboten der freigewählten Führer. Nichts, was eine Geheimgesellschaft ausmachen würde, wäre für die Freimaurerei in irgendeiner Form nachweisbar, alle interessierenden Fakten wären stets bereitwillig preisgegeben worden – und daher der Allgemeinheit zugänglich.

Das einzige Geheimnis, das die Freimaurerei den Brüdern auferlegt, besteht lediglich in der Pflicht, bezüglich der Erkennungszeichen und gewisser Formen des Brauchtums Stillschweigen zu wahren. Begründet wird dies mit altehrwürdigen Traditionen, wobei man unumwunden zugibt, daß mittlerweile durch geschäftstüchtige Gegner in zahlreichen Schriften Zeichen, Worte, Symbole usw. veröffentlicht worden sind, so daß das Geheimnis eigentlich kein Geheimnis mehr ist.

Die Freimaurerei betrachtet sich selbst als Mysterienbund, den wahrscheinlich einzig echten, der gegenwärtig noch existiert. Zu diesem machen sie nach eigener Aussage ihr Initiationskult, des Suchenden symbolisches Wandern von Stufe zu Stufe, die Idee der Verbrüderung, das Sehnen nach dem Licht, der Glaube an den Tod als andere, höhere Form des Seins, das Bekenntnis zur geistigen Auferstehung und die Symbolik. Der freimaurerische Autor Franz Carl Endres schrieb hierzu in seinem Büchlein »Die Symbole des Freimaurers« (Stuttgart 1952):

»Unsere freimaurerischen Symbole lassen uns das Immaterielle erleben.

Schon das klingt plump und deutet nur die Wirkung des Symbols, nicht dessen Wesen an. Unsere Seele sucht das Immaterielle, sie gibt sich als ein Symbol des Ewigen und findet durch das Zusammenfügen mit dem Symbolon des Nichtirdischen ihre Ganzheit, sie findet ihr seliges Zusammenpassen mit dem Göttlichen und mit diesem höchsten und letzten Ziel ihr eigenes Wesen.

Darum, weil die Königliche Kunst der Esoterik, die Frei-

maurerei, in ihrem Tiefsten ein Mysterium ist, das heißt auf dem Symbol aufgebaut ist, kann sie nicht gelehrt werden. Wer die Erlebnismöglichkeit nicht in sich hat, wem ein Symbol bestenfalls ein Gedankenspiel ist, der wird nie ein Esoteriker, nie also ein Meister der Königlichen Kunst werden können, und wenn ihn hundert Logen dazu befördern. Wem aber das Symbol Erleben weckt, wer die seelische Fähigkeit besitzt, die transzendenten Bestandteile des Symbols zu erfühlen, bis zur vollkommenen Versenkung in das All-und-Eine, der ist Meister auch ohne Schurz.

Die symbolische Grundlage unterscheidet eine Loge von einem Verein. Das gemeinsame Erleben des Symbols im Tempel ist höchste freimaurerische Leistung. Schon aus diesem Grunde liegt der Schwerpunkt freimaurerischer Arbeit im Tempel selbst. Die Außenarbeit der Logen im Wirken für den Frieden, für Sozialethik, für die Armen und Notleidenden, für Witwen und Waisen, für alles Gute und Schöne, ist nur die Frucht der richtigen Innenarbeit am Symbol, ist nur die selbstverständliche Konsequenz aus dem Symbolerlebnis.«

Freimaurerei stellt demzufolge eine besondere Form der *Esoterik* dar, die aufgrund von Symbolen *erlebt* wird. An dieser Stelle mögen vielleicht die ersten Leserinnen und Leser meinen, es sei wohl besser, angesichts solch »abgehobener« – und damit unverständlicher – Darstellungen das Buch besser aus der Hand zu legen. Doch gemach, denn das wäre ein Fehler. Es ist nun einmal Tatsache, daß die Freimaurerei mit derartigen Erklärungen an die Öffentlichkeit tritt und daß eine Vielzahl von Freimaurern auch wirkliche Esoteriker sind, die hinter dem stehen, was ihr Bruder Endres vor 50 Jahren schrieb. Wäre die Geschichte der Freimaurerei allerdings wirklich nur unter den zitierten Aspekten zu betrachten, so hätte sich möglicherweise kein Mensch, der außerhalb solcher Denk- und Glaubensmodelle steht, je für die Freimaurerei interessiert. Dem ist bekanntermaßen aber nicht so, weshalb es sich durchaus lohnt, sich einmal genauer mit dem, was Freimauerei darstellt, zu befassen.

Natürlich muß man berücksichtigen, daß die Freimaurer von sich behaupten, Außenstehende – also Uneingeweihte, auch Profane genannt – würden den Sinn und das Geheimnis der Maurerei nicht verstehen und daher alles, was damit in Zusammenhang steht, zu großen Teilen falsch interpretieren. Diese Auffassung mag in bestimmten Teilen richtig sein. Es darf aber bei der ganzen Diskussion nicht vergessen werden, daß ein Kennenlernen der Freimaurerei für Außenstehende nicht möglich ist, weil die Einweihung nur Logenbrüdern (in wenigen Fällen auch Logenschwestern) zuteil werden kann, man sich also »mit Haut und Haaren« »verkaufen« muß. Und genau das ist der springende Punkt, denn in unserer von Materialismus geprägten Welt will niemand mehr »die Katze im Sack kaufen«. Unabhängig davon, daß nur noch wenige Menschen an geistigen Werten interessiert sind, bietet die Freimaurerei außerdem – anders als heute allgemein üblich – keine »Schnupperkurse«. Es existieren demzufolge unüberwindbare Gegensätze in den Anschauungen der Brüder und im allgemeinen öffentlichen Verständnis gegenüber der Freimaurerei, was meines Erachtens beinahe gesetzmäßig dazu führen muß, daß derjenige, der sich – wenn auch nur in gewisser Hinsicht – abschottet, mit unehrenhaften oder zumindest mysteriösen Zielen in Zusammenhang gebracht wird. Darüber kann leider auch der Einsatz der Maurerei für viele karitative Zwecke nicht hinwegtäuschen.

Dabei wäre es wünschenswert, wenn insbesondere die Gesellschaft nach westlichem Verständnis den überbordenden Materialismus zurückdrängen und sich wieder mehr geistigen Aspekten des Lebens zuwenden würde. Viele Menschen verspüren in sich eine innere Leere, die noch so viele materielle Annehmlichkeiten und auch die vielgepriesene »Fun-Gesellschaft« nicht zu kompensieren vermögen. Das Ganze ist auch kein Wunder, denn der Mensch ist nicht nur ein weitentwickeltes biologisches Geschöpf, sondern auch ein geistiges Wesen, dessen Bedürfnisse in dieser Richtung befriedigt werden müssen. Doch das genaue Gegenteil ist der Fall, und wie es aussieht, wird diese Situation in den kommenden Jahren und Jahrzehnten noch extremer — eine Tendenz, die zu großer Sorge Anlaß gibt. Eine Zivilisation, in des Wortes eigentlicher Bedeutung, besteht nämlich nicht nur aus der materiellen Komponente, sondern auch aus der geistigen. Wird der eine oder andere Kulturbestandteil vernachlässigt, ist der Verfall der Zivilisation vorprogrammiert. Wir Heutigen wundern uns, daß das Alte Ägypten Jahrtausende überdauerte und dabei Glanzleistungen menschlicher Tätigkeit hervorbrachte, die noch heute ihresgleichen suchen. Eine wesentliche Ursache dieser langen Überlebensdauer der ägyptischen Zivilisation bestand ohne Zweifel darin, daß es die damals Verantwortlichen verstanden, beide genannten Komponenten, also das Materielle wie das Ideelle, zu einer Einheit zu verbinden. Wir werden das Wesen der ägyptischen Zivilisation so lange nicht verstehen, bis wir wissens- und erfahrungsmäßig in ihre Fußstapfen zu treten bereit sind.

Daß die Freimaurerei nach eigener Aussage das Erbe der — auch im Alten Ägypten — vorhandenen Mysterienkulte anzutreten bereit war, ehrt sie in gewisser Weise, denn damit wird einigen wenigen Menschen von heute (im Vergleich zur Masse der Menschen auf unserem Planeten) der Zugang zu dem bewahrt, was als integraler Bestandteil unserer Vergangenheit angesehen werden muß und was, wie ich feststellte, nicht nur rein materiellen, sondern auch geistigen Charakter hatte in dem Sinn, wie es der Freimaurer Endres beschrieb. Möglicherweise bewahrt die Freimaurerei aber, und damit gieße ich bewußt Öl ins Feuer, noch mehr: Teile eines ehrfurchtgebietenden Wissens aus alter Zeit, das den Blicken Uneingeweihter vorenthalten werden muß und das beispielsweise in späterer Zeit auch den Templern bekannt war, ja vielleicht sogar von diesen übernommen wurde. Den unteren Freimaurer-Graden dürfte dieser Umstand allerdings genausowenig bekanntgeworden sein wie den einfachen Tempel-Rittern, während die Hochgrad-Freimaurer des 33. Grades durchaus darüber informiert sein dürften, ja in der Tradition dieses Wissens stehen könnten. Das alles klingt zu phantastisch, zu unglaublich? Vielleicht, vielleicht aber auch nicht. Diese hypothetische Möglichkeit würde vieles, was im Zusammenhang mit der Freimaurerei bis heute unverständlich geblieben ist, zumindest nachvollziehbar werden lassen. Und an dem Grundsatz, daß das »Geheimnis« der Freimaurerei rein geistiger Natur sei, müßte sich angesichts der von mir vorgetragenen Erklärungsmöglichkeit nicht einmal etwas ändern.

Kapitel 2

Mögliche Wurzeln der Freimaurerei und geschichtlicher Abriß ihrer Entwicklung

Die Antwort auf die oft gestellte Frage, wo die Ursprünge der Freimaurerei zu suchen sind, ist alles andere als leicht aufzuklären und kann auch von mir nicht abschließend beantwortet werden. Wie ich bereits im Vorwort schrieb, finden sich bei genauer Betrachtung Geheimbünde und die damit verbundene Geheimbündelei überall in der Welt und in allen Epochen der Menschheitsgeschichte, denn sie übten auf die Menschen aller Zeitalter eine beinahe magisch anmutende Faszination aus, zumal hiermit ein besonderes Bedürfnis menschlicher Natur, sich nämlich aufgrund seines Wissens von anderen zu unterscheiden, bedient wurde.

Der berühmte deutsche Schriftsteller Gotthold Ephraim Lessing, der selbst Freimaurer war, läßt uns in seinem »Fünften Gespräch über die Freimaurerei« folgendes zu ihren Wurzeln wissen:

»Ihrem Wesen nach ist die Freimaurerei ebenso alt als die bürgerliche Gesellschaft. Beide konnten nicht anders als miteinander entstehen; aber das, was Freimaurerei ist, hat nicht immer Freimaurerei geheißen.«

Schon bei dieser Antwort fangen die Uneinigkeiten und Auseinandersetzungen an, denn andere Freimaurer ließen die »geschlossene Gesellschaft« z. B. erst mit der Gründung der englischen Großloge am 24. Juni 1717 beginnen oder behaupteten im krassen Gegensatz dazu, sie führe bis zu den Mysterienkulten der Ägypter, Perser und anderer mit ihnen parallel existierender Völkerschaften bzw. sogar noch weiter zurück. Manche Ursprungssucher, vor allem jene, die sich an der Bibel orientierten, wollten ihren Beginn sogar bei Adam sehen, welcher der erste »Maurer« überhaupt gewesen sein sollte. Der prominenteste Vertreter dieser etwas kurios erscheinenden Auffassung war der berühmte Verfasser des Konstitutionenbuches, der Londoner Reverend Dr. James (Jakob) Anderson, der sein grundlegendes Werk der Freimaurerei 1723 herausbrachte. Nach seiner Auffassung hielt Adam mit seinen Söhnen Loge – wobei er wohl vergessen hatte, daß Kain später Abel tötete, was alles andere als ein Ruhmesblatt für die ersten Freimaurer gewesen wäre, denn Mord widersprach den Idealen dieser Bewegung.

Reverend Dr. James Anderson, Verfasser des freimaurerischen Konstitutionenbuches.

Die berühmte Autorin Helena Petrowa Blavatsky (»Die entschleierte Isis«), die selbst Schwester des 17. Grades einer indischen Loge in Madras gewesen sein soll, wollte sich aus nachvollziehbaren Gründen nicht so genau festlegen und meinte in ihrem oben genannten Buch nur, die Freimaurerei sei vorsintflutlichen Ursprungs: Methusalem und sein Sohn Henoch wären die Schöpfer bestimm-

Ägyptische Freimaurerei (nach einem alten französischen Kupferstich).

ter unterirdischer Gewölbe, deren Schlußstein maurerisch zu verstehen sei.

Blavatskys Überlegungen entbehren nicht einer gewissen Logik, denn in bezug auf den Schlußstein läßt sich tatsächlich ein uralter Zusammenhang nachweisen, der zumindest das Alte Ägypten und die mittelalterlichen Kathedralen-Bauer miteinander verbinden könnte. Dieses gemeinsame Element wurde erstmals von dem amerikanischen Autor Robert Temple in seinem Buch »The Crystal Sun« dargestellt. Temple verwies dabei auf den Umstand, daß die ägyptischen Pyramiden an der Spitze mit einem sogenannten Pyramidion, einem Abschlußstein, versehen wurden und ähnliches jetzt auch für die französische Kathedrale von Chartres nachgewiesen werden könne. Der amerikanische Autor hatte für Recherchen zu seinem Buch ein aus dem 17. Jahrhundert stammendes Werk mit dem

Titel »Eine Reise nach Paris« (1698) gelesen, das von einem gewissen Dr. Martin Lister verfaßt wurde. Lister war nicht irgendwer, sondern damals einer der führenden Wissenschaftler Englands, und die Memoiren, die er über seine sechs Monate in Paris verfaßte, waren demzufolge kein gewöhnlicher Reisebericht. Er beschrieb darin ausführlich seine Besuche bei den wichtigsten Gelehrten in Paris, was sie ihm an Erfahrungen mitteilten, welche Bücher sich in ihren Bibliotheken befanden und welche Exemplare aus der Naturgeschichte sie in ihren Vitrinen hatten. Einer der Männer in Paris, die Lister aufsuchte, war kein Franzose, sondern ein Engländer namens Butterfield. Lister schrieb über ihn:

»Mr. Butterfield ist ein recht herzlicher ehrlicher englischer Gentleman, der seit 35 Jahren in Paris lebt, ein exzellenter Künstler in der Herstellung aller Art mathematischer Instrumente, und er arbeitet für den König und alle Prinzen des Geblüts, und seine Arbeiten sind bei allen Nationen in Europa und Asien gefragt.

Mehr als einmal zeigte er mir (sein liebster Zeitvertreib) seine umfangreiche Sammlung von Magnetit-Steinen, die einen Wert von mehreren hundert Pfund Sterling hat. […] Er zeigte mir einen Magnetit-Stein, der von dem Eisenträger abgesägt worden war, der an der höchsten Stelle des Kirchturms der Chartes-Kathedrale die Steine zusammenhielt. Er hatte eine dicke Rost-Kruste, von der ein Teil schon in einen starken Magnetit-Stein verwandelt war, und der alle Eigenschaften eines Steins hatte, den man aus einer Mine ausgegraben hatte. […] Die äußerste Kruste des Steins wies keine magnetischen Eigenschaften mehr auf, doch der innere Teil war stark magnetisch und konnte ein Drittel mehr als sein Eigengewicht anziehen und halten. Dieses Stück Eisen hatte die Körnung eines soliden Ma-

gneten und die Sprödigkeit und Zerbrechlichkeit eines Steins.«

Robert Temple verweist darauf, daß die Kathedrale von Chartres an der Spitze ihres — wahrscheinlich kleineren — Kirchturms einen großen Magnetit-Stein trug. Kann es also sein, daß die Steinmetz-Zünfte, welche die mittelalterlichen Kathedralen erbauten, aus nur ihnen bekannten Gründen magnetische Äquivalente zu den Pyramiden-Schlußsteinen in die Spitzen der europäischen Kathedralen einbauten? Wenn dem so wäre, ließe sich damit ein Zusammenhang zwischen der Pyramidion-Tradition der Alten Ägypter und dem Wissen der Maurerzünfte herleiten — und damit ein neuer Grundstein in bezug auf die Herkunft der Freimaurerei legen.

Temple berichtet, daß die Alten Ägypter ebenfalls Magnetit-Steine kannten. Sie verwendeten hierfür den Begriff »res mehit ba«, was »Nord-Süd-Eisen« bedeutet. Auch der berühmte antike Gelehrte Plutarch habe über Steine aus Magnetit und die damals schon bekannten Eigenschaften des Stoffes berichtet. Allerdings sei unklar, ob die altägyptischen Baumeister Magnetit-Steine verwendeten. Temples vorsichtiges Resümee lautet:

»Ich will hier natürlich nicht andeuten, daß die Maurer, die die Kathedrale von Chartres erbauten, irgendein Wissen um die ägyptische Einstellung zu Magnetit-Steinen hatten. Doch ich glaube, daß das Konzept des Pyramiden-Schlußsteins und seine Beziehung zu okkulten Kräften bestimmter Art […] eine Tradition war, die erwiesenermaßen bis in die Zeit der modernen Freimaurerei überlebt hat — denn ob wir dies erklären können oder nicht, die Tatsache selbst kann nicht geleugnet werden —, und wenn dies den heutigen Freimaurern noch bekannt ist,

Die ägyptischen Pyramiden trugen einst an ihrer Spitze Abschlußsteine, sogenannte Pyramidione, die nach den Überlieferungen teilweise aus purem Gold bestanden haben sollen.

dann war es denen im 14. Jahrhundert mit Sicherheit bekannt. Deshalb könnte der Magnetit-Stein an der Spitze der Kathedrale von Chartres ein esoterischer Gegenstand gewesen sein, der das mitteleuropäische Äquivalent zu einem altägyptischen Pyramiden-Schlußstein darstellen sollte, eine Art symbolischer Hommage an eine Geheimüberlieferung.«

Lehnt man derartige Hypothesen zur Herkunft der Freimaurerei und ihrer Traditionen als zu unglaublich oder als zu wenig faktenmäßig untersetzt ab, so wird man doch dem freimaurerischen Schriftsteller Oskar Posner zustimmen, wenn er in seinem Werk »Bilder zur Geschichte der Freimaurerei«, das 1927 in Reichenberg erschienen, ganz allgemein feststellt:

»Seitdem Menschen in Gruppen zusammenleben, hat

es immer etwas gegeben, was sich mit Freimaurerei vergleichen ließ.«

Tatsächlich stößt man in den Sitten und Gebräuchen selbst der primitivsten Völker der Welt immer wieder auf Einrichtungen, die in ihrem Grundgedanken eine erstaunliche Ähnlichkeit mit denen der Freimaurerei haben. Rudolf Falb, Freimaurer und Reisender des 19. Jahrhunderts, berichtete, er habe in einem uralten Tempel in Peru, auf der Brust eines dargestellten Gottes, dieselben freimaurerischen Zeichen gesehen, die ihm später, anläßlich einer freimaurerischen Grundsteinlegung in Schottland, dem klassischen Land der Freimaurerei, auf dem Schurzfell des Prinzen von Wales, des späteren Königs Eduard VII., auffielen. Falb glaubte aufgrund seiner Recherchen fest daran, daß dereinst Kaufleute aus Peru nach Phönizien und Judäa gereist waren, um Gold zum Bau des Salomonischen Tempels zu überbringen, und so bestimmte rituelle Handlungen in der Fremde kennengelernt hatten. Falbs Auffassung wurde zwar zu seinen Lebzeiten nur von wenigen geteilt, doch aus moderner Sicht scheint es durchaus möglich, daß es aufgrund kontinentübergreifender Verbindungen Berührungspunkte zwischen den Kulturen gab, die dann letztlich auch die übergreifende Symbolik der Freimaurerei erklären könnten.

Am bekanntesten und auch am überzeugendsten sind die Versuche, die Freimaurerei in ihren Grundlagen auf die uralten asiatischen Geheimbünde zurückzuführen. So erwähnte der Jesuitenpater Hermann Gruber, der unter dem Pseudonym Hildebrand Gerber schrieb, ein selbst von seinen Gegnern, den Freimaurern, als objektiv anerkannter Forscher, in seinem 1899 erschienenen Buch »Der giftige Kern oder die wahren Bestrebungen der Freimaurerei« Versuche, die Freimaurerei mit chinesischen Geheimgesellschaften in Verbindung zu bringen, und führte an, die »Revue britannique« behaupte, die geheimen Gesellschaften des Himmlischen Reiches, die zu allen Zeiten sehr mächtig gewesen seien, hätten schon vor der Umschiffung des Kaps der Guten Hoffnung mit denen Europas in Verbindung gestanden.

Der Chinese Tin-Tun-Ling, der seine Heimat verlassen hatte und im Jahre 1864 in Paris in die Freimaurerei aufgenommen worden war, veröffentlichte kurz darauf ein Buch, worin er auf die große Ähnlichkeit des Maurer-Zeremoniells mit dem geheimer chinesischer Gesellschaften, die über 4000 Jahre alt seien, aufmerksam machte. Auf diese Zusammenhänge soll auch ein holländischer Sinologe namens Schlegel im Jahre 1866 hingewiesen haben.

Tatsächlich finden sich bei den chinesischen Geheimbünden einige Zeremonien, die an jene der Freimaurerei erinnern (z. B. der »Durchgang durch die Brücke«, der dem »stählernen Gewölbe« der Freimaurerei entspricht, oder das »Anzünden von Lampen«, das identisch ist mit dem freimaurerischen »Lichterteilen«).

Der Vollständigkeit halber muß darauf hingewiesen werden, daß in China bis zur Ausrufung der Republik die Freimaurerei ebenso wie andere Geheimbünde verboten war. Zuwiderhandlungen wurden drastisch bestraft, in der Regel wurden die Deliquenten hingerichtet. Die chinesischen Kaiser fürchteten geheime Organisationen wie der Teufel das Weihwasser, was verständlich erscheint angesichts der Tatsache, daß in der chinesischen Geschichte verschiedene Geheimorganisationen an politischen Ränkespielen beteiligt waren und nur allzuoft nach der Macht im Großreich gegriffen hatten.

Besonders reich an Geheimorganisationen und Mysterienkulten war das alte Griechenland. Daher herrschte lange Zeit die Auffassung vor, die Geschichte der Freimaurerei fuße auf altgriechischen Traditionen. Schon bei oberflächlicher Betrachtung wird allerdings klar, daß die dort praktizierten geheimen rituellen Handlungen nicht griechischen, sondern babylonischen, assyrischen und vor allem ägyptischen Ursprungs waren. Ägypten ist deshalb auch für viele Freimaurer der eigentliche Ursprungsort ihrer Bewegung. Bekannt ist in diesem Zusammenhang die Oper »Die Zauberflöte« des Freimaurers Mozart. Daß es sich hierbei um ein Werk handelt, das auf versteckte Art und Weise Freimaurergeheimnisse aufzeigt, wird allgemein zugegeben; die Oper ist geradezu ein Lobgesang auf die Freimaurerei. In ihr ist ein nicht unerheblicher Teil offenkundig ägyptisches Mysteriengut, so insbesondere die Einweihung mit den Prüfungen durch Wasser und Feuer, wozu sonst noch die durch Erde und Luft kommen, so daß es vier sind.

Im 18. Jahrhundert versuchte der berühmt-berüchtigte Cagliostro, die so bezeichnete »Ägyptische Maurerei« als solche wiederherzustellen, und gab sich als Groß-Kophta aus. Der Freimaurer Johann Wolfgang von Goethe »entlarvte« ihn und schrieb eine Komödie mit dem Titel: »Der Groß-Kophta«. Das ägyptische System nach Cagliostro ist verschwunden, er selbst starb im Jahre 1795 im Kerker der Inquisition in Rom, nachdem er noch in der Französischen Revolution eine Rolle gespielt hatte. Immerhin bilden die Prüfungen des ägyptischen Systems einen wesentlichen Bestandteil des freimaurerischen Aufnahmerituals. Hierbei begibt sich der Aspirant bei Nacht, nur mit einem Lämpchen in der Hand, in die Große Pyramide. Er wird zuerst gereinigt durch das Feuer, dann durch das Wasser (er muß durch einen vom Nil gespeisten Kanal) und zuletzt durch die Luft. Eine ausführliche, wenn auch phantastisch anmutende Darstellung der okkulten ägyptischen Mysterien soll in dem selten gewordenen Werk »Crata Repoa oder die Geheimnisse der alten ägyptischen Priester«, das im Jahr 1770 erschien, enthalten sein.

Im Ausgang des Altertums findet man eine weitere mit den freimaurerischen Traditionen und Ritualen in Zusammenhang gebrachte Volksgemeinschaft: die der Essener (oder Essäer). Zu ihnen soll nach Meinung des Freimaurer-Schriftstellers Kohn (»Der Essäerbund als die Freimaurerei des Altertums«) auch Johannes der Täufer gehört haben – er gilt daher wohl auch als Schirmherr der Freimaurerei.

Der freimaurerische Schriftsteller J. W. Kerning behauptet, die Urzelle der neuen Freimaurerei sei im Jahre 297 unter dem römischen Kaiser Carausius gegründet worden. Sie habe sich seither im geheimen weiterentwickelt und die Jahrhunderte unbeschadet überstanden, da sie nach außen hin kaum in Erscheinung trat. Das änderte sich erst, als im 9. Jahrhundert König Alfred der Große Mitglied dieses Bundes wurde und im 10. Jahrhundert König Athelstan – der Überlieferung nach Mitglied der schottischen Großloge in Edinburgh – die im Jahre 936 in York zusammengetretene »Großloge von England« unter seinen Schutz stellte. In ihr entstand dann angeblich der sogenannte »York-Ritus«, dessen Sinnbild die rote Rose ist. Diese wiederum wird als Hinweis auf eine Verbindung zwischen Rosenkreuzerei und Freimaurerei verstanden.

Eine besondere Rolle bei der Herausbildung der Freimaurerei bildeten zweifelsohne der Templer-Orden ebenso wie die Bauhütten.

Der Orden der Templer entstand als Ergebnis der Kreuzzüge ins Heilige Land und wurde von Gottfried von

Bouillon, Hugo von Payens und Gottfried von Saint Omer gegründet. Die drei Ritter verbanden sich im Jahre 1118 in Jerusalem mit sieben anderen Rittern und legten, obwohl sie keine Mönche waren, ein Gelübde ab, das vor allem den Schutz der Pilger im Heiligen Land versprach.

König Balduin II. von Jerusalem (1118–1131) stellte den Tempelrittern einen Teil seines Palastes zur Verfügung, ausgerechnet jenen, der neben der Kirche des Heiligen Grabes lag und der auf der Stelle, wo ursprünglich der Tempel Salomos gestanden haben sollte, erbaut war. Nach Meinung einiger Autoren handelt es sich hierbei um das mystische Bindeglied in der Kette, welche die Freimaurerei über die Templer mit dem altjüdischen König verbindet. Denn von dieser Wirkungsstätte stammt ihr voller lateinischer Titel her: »Pauperes Commilitones Christi Templique Salomonici«. Ihre Burg in Paris hieß nach diesem Ursprung ebenfalls »der Tempel«. Genau aus diesem Grund gelangen ein Teil der Freimaurer, aber auch einige ihrer Gegner, die sich mit der Herkunft ihrer Bewegung

Der Salomonische Tempel in einer Phantasiedarstellung.

befassen, zu dem Schluß, daß König Salomo einer der Ahnherren der Freimaurerei war. Auch soll das schwarzweiße Mosaik des Fußbodens der Logen an das gleichgestaltete Banner der Tempelherren erinnern.

Der Heilige Stuhl in Rom unter Papst Honorius II. bestätigte den Orden der Templer auf dem Konzil zu Troyes im Jahre des Herrn 1127. Der später durch die Kurie heilig gesprochene Bernhard von Clairvaux, einer der Initiatoren des ersten Kreuzzuges ins Heilige Land, erbat bei dieser Gelegenheit für den Orden den Segen des Konzils und wurde selbst beauftragt, die Ordensregeln für ihn auszuarbeiten. Damit begann der Aufstieg des Ordens. Die Tempelherren erhielten in der Folge Geschenke und Legate, Papst Alexander III. bestätigte und vergrößerte im Jahre 1172 ihre Privilegien, und Papst Innocenz III. schließlich entband die Templer des Eides der Treue und des Gehorsams gegenüber den Bischöfen, was später für den Orden verhängnisvoll wurde, denn von nun an verloren die Bischöfe alle Möglichkeiten der Gerichtsbarkeit über Liegenschaften, Güter und Personen des Templerordens, was schließlich und zwangsläufig zum Bruch des Gehorsamsgelübdes führen mußte. Durch die verliehenen Privilegien waren die Templer so gut wie ganz unabhängig und damit der Kontrolle durch Staat und Kirche entzogen. Sie bildeten im Laufe der Zeit sozusagen einen Staat im Staate bzw. eine Kirche innerhalb der Kirche, was früher oder später in einem Konflikt enden mußte, denn nunmehr waren sie Krieger Gottes und Freidenker zugleich.

Über ihre Stellung und ihre Beziehungen zu den Geheimbünden des Heiligen Landes läßt uns ein Altwerk der Freimaurerei, das »Freimaurerlexikon« von Gaedicke, folgendes wissen:

»Auf den Zügen, welche die Tempelherren zum Schutze der Wallfahrenden durch das ganze Land zu unternehmen hatten, wurden sie mit den Sitten, Gebräuchen, Kenntnissen und Wissenschaften der Bewohner bekannt. Griechenland und Ägypten waren zu jener Zeit noch immer die Hauptsitze der Künste und Wissenschaften, und sehr viele Ritter suchten hierinnen Unterricht. Die höheren Wissenschaften, vornehmlich die sogenannten freien Künste, die wahre Kenntnis des Weltalls, die bestimmten Ideen von dem Wesen und den Wirkungen der Gottheit, besaßen aber unter dem Namen der Mysterien nur wenige. Die Tempelherren ließen sich in diese Geheimnisse einweihen, und diese wissenschaftlichen Entdeckungen gingen bald in das Innere der Verfassung des Ordens über. Sie bildeten hiernächst unter sich ein besonderes darauf Bezug habendes System, welches sie als Geheimnis bewahrten, und verbanden die Aufnahme in ihrem Orden mit vielen harten und schweren Prüfungen.«

Mit hoher Wahrscheinlichkeit wurden zumindest der Führung des Templerordens im Laufe der Jahre Informationen zuteil, die im Gegensatz zu der bis dahin gültigen christlichen Lehre von Gott und der Welt standen und das Weltbild der Templer möglicherweise auf das heftigste erschütterten. Man darf in diesem Zusammenhang nicht vergessen, daß die beispielsweise in Ägypten gepflegten (Mysterien-)Kulte teilweise nichts anderes als geheime Einweihungsrituale einer uralten Zivilisation waren, die über Jahrtausende hinweg existiert hatte und die jener des christlich geprägten Abendlandes deshalb haushoch überlegen war. Vielleicht erfuhren die Herren des Tempels hier die Geschichte der Menschheit und Kultur betreffende Dinge und Zusammenhänge, die ihnen die christliche Lehre, so wie sie von der katholischen Kirche gehandhabt wurde, unrichtig erscheinen ließ, so daß sie sich schließlich entschlossen, die bisherigen Glaubensvorstellungen nur noch nach außen hin zu bewahren und im Geheimen andere Rituale zu pflegen, die in ihren Augen das wahre Wissen vom Ursprung bewahrten. Ihnen war in diesem Zusammenhang natürlich klar, daß eine Verbreitung der Wahrheit nicht einfach sein würde und daß ein Sturz des bestehenden Systems in Europa aufgrund der vorherrschenden Kräfteverteilung unmöglich war, so daß es langer Zeiträume und einer verborgenen Arbeit im Untergrund bedurfte, Änderungen zu erwirken.

Ist die Freimaurerei die moderne Fortsetzung dessen, was die Führung des Templerordens wußte und wollte? Möglicherweise, denn insbesondere viele Gegner der Freimaurerei haben ihr vorgeworfen, lediglich eine reine Vernunftsreligion, indifferent gegen das Christentum, zu sein. Nun werden sich Freimaurer gegen den Begriff »Religion« zwar wehren, aber meines Erachtens trifft das soeben Gesagte den Nagel auf den Kopf: Es geht um eine Welt- und Gottesvorstellung, die von allem religiösen Tand befreit ist und den Menschen in den Mittelpunkt der Betrachtungen stellt, ohne die Existenz einer schöpferischen Kraft im Universum in Zweifel zu ziehen.

Wie dem auch sei, die Verbindung der Templer mit den einheimischen Sarazenen führte in der Folge zu einer sehr merkwürdigen und oft auch angreifbaren Doppelrolle des Ordens während der Zeit der Kreuzzüge. Nicht selten kämpften Tempelritter in der Öffentlichkeit mit den Sarazenen, während heimlich oft verhandelt wurde. Dabei entstand, das muß deutlich gesagt werden, ein nicht unerheblicher Schaden für das christliche Abendland bzw. seine führenden Vertreter. Im Jahre 1148, dreißig Jahre nach der

Gründung des Ordens, verlor Konrad III. Damaskus nur, weil die Tempelherren ihn verrieten. Im Jahre 1166 ließ König Amalrich von Jerusalem zwölf Templer am Galgen aufknüpfen, weil sie in verräterischer Weise eine wichtige Festung am Jordan den Sarazenen übergeben hatten – und das ohne Kampf! Und als im Jahre 1187 die Sarazenen unter der Führung des ägyptischen Sultans Saladin dem Usurpator Guido von Lusignan Jerusalem entrissen, waren nicht zuletzt die Templer daran schuld.

In anderen Fällen verstießen die Vertreter des Templer-Ordens ganz offensichtlich gegen ihre Gelübde. Im Jahre 1158 wurde von den Sarazenen eine ganze Abteilung der Tempelherren vernichtet, weil diese, die doch das Gelöbnis der Armut abgelegt hatten, sich in der Stadt aufhielten, um einen »beschlagnahmten« Schatz in Sicherheit zu bringen. In einem anderen Fall gingen die Templer sogar so weit, daß sie einen ägyptischen Prinzen, der sich in ihren Schutz begeben hatte, seinen Feinden für den Preis von 60 000 Goldstücken auslieferten, eine Tat, die von den Chronisten der damaligen Zeit zu Recht als schmachvoll bezeichnet wurde.

All diese Vorgänge scheinen unerklärlich zu sein, wenn man sie mit den damals herrschenden christlichen Maßstäben mißt und davon ausgeht, daß die Templer die Interessen des Abendlandes vertraten. Geht man jedoch davon aus, daß die Ritter aufgrund der neugewonnenen Kenntnisse nun im Besitz des für sie »wahren Wissens über Gott und die Welt« waren, dann wird manches klar: Sie mußten auf der einen Seite die Position der Kirche schwächen, andererseits aber den Aufbau ihres Ordens zu einer mächtigen, unüberwindbaren Organisation forcieren!

Wahrscheinlich traten genau deshalb für die Tempelritter im Laufe der Zeit die gelobten christlichen Ziele in den Hintergrund, um den irdischen und materiellen Zielsetzungen Platz zu machen, die wiederum vorangetrieben wurden, um einem neuen Glaubensbekenntnis zum Ziel zu verhelfen, das man bei den Sarazenen kennengelernt hatte. War anfangs der selbstlose Schutz des Heiligen Grabes und der dorthin pilgernden Gläubigen von Bedeutung, so mutierte der Templer-Orden nun nach und nach zu einer Art Großbank, welche die Geldgeschäfte zwischen dem Abend- und dem Morgenland besorgte, was in akutem Widerspruch zu dem stand, was Christus einst getan hatte, als er die Wechsler aus dem Tempel vertrieb. Aber, und dieses »Aber« muß nochmals betont werden, vielleicht glaubten die Tempel-Oberen schon lange nicht mehr an die Christus-Geschichte …

Nach der Mitteilung des zeitgenössischen Matthäus von Paris besaß der Templerorden im 14. Jahrhundert ungefähr 9000 befestigte Burgen – und damit eine nicht zu unterschätzende militärische Macht. Er besorgte zudem die Geldgeschäfte der ganzen damals bekannten Welt, so daß nach und nach Päpste, Könige und auch Teile des Adels in finanzielle Abhängigkeit von ihm gerieten. König Ludwig IX. mußte beispielsweise, als er einmal in Gefangenschaft der Sarazenen geraten war, den größten Teil des geforderten Lösegeldes – 25 000 Goldlivres – vom Orden borgen. Es kann daher nicht verwundern, daß sich die Gegner des Templer-Bundes irgendwann Gedanken darüber machten, wie er zu vernichten sei. Sicherlich spielten in den Plänen des Papstes Clemens V. und des Königs Philipp des Schönen von Frankreich nicht nur materielle Überlegungen eine Rolle, sondern vor allem machtpolitische, wenn es darum ging, die immer stärker werdenden Templer zu beseitigen. Der Orden wurde zur Gefahr! Und genau das hatten die Templer wohl auch beabsichtigt.

Daß die materiellen Motive für die geplante Ordenszerschlagung nicht die einzigen und nicht einmal die wichtigsten waren, dafür spricht schon allein der Umstand, daß eine Reihe von Forschern, die dem Orden und seiner Arbeit freundlich gesinnt sind, seine Verfehlungen durchaus zugeben. Der deutsche Philosoph Friedrich von Schlegel spricht in seiner »Philosophie der Geschichte« den Tempelherren die christliche Gesinnung ab. Helena Blavatsky meint, der christliche Gottesdienst sei in den Kirchen der Templer nur noch für die Uneingeweihten gehalten worden. Und so gibt es zahllose weitere Bestätigungen für die dem Orden zum Vorwurf gemachten »unchristlichen und perversen« Riten, welche die Herren des Tempels möglicherweise von den Sarazenen erbten, aber auch durch ihre Beziehungen zu einer anderen Volksgruppe, den Assassinen entwickelten. Die Assassinen kämpften während der Kreuzzüge gegen die Sarazenen, und nur der Friedensschluß zwischen den Erstgenannten und den Templern ermöglichte letzteren den Rückzug zum Meer, als der Fall Jerusalems nicht mehr aufzuhalten war. Es geht das Gerücht, daß der Ritter Wilhelm von Montbart vom »Alten vom Berge« sogar eine Art freimaurerische Einweihung erhalten haben soll. Vom Bruder Ritter Wilhelms soll wiederum ein besonderer freimaurerischer Ritus stammen. Helena Blavatsky geht noch einen Schritt weiter: Ihrer Meinung nach habe schon einer der Mitbegründer des Templer-Ordens, Hugo von Payens, die Einweihung durch den »Alten vom Berge« empfangen.

Daß die Templer im *allgemeinen* Teufelsanbeter gewesen seien, wie ihnen oft vorgeworfen wird, kann nicht bewiesen werden. Daß aber in den Spitzen des Ordens Satanismus – wenn man ihn als Abkehr vom Glauben der mittelalterlichen Kirchenvorstellungen ansieht – vorkam, kann als so gut wie sicher gelten. Mit hoher Wahrscheinlichkeit bestand innerhalb des Geheimbundes ein weiterer Geheimbund, der besondere Rituale praktizierte. Die erhalten gebliebenen, doch in ihrer Echtheit angezweifelten Geheimstatuten des Ordens zeigen überdeutlich, wie man zunächst mit einer sektiererischen Auslegung des Christus-Mysteriums begann und schließlich mit der Verleugnung Christi endete, was meiner Meinung nach eine direkte Folge der von den Sarazenen und Assassinen empfangenen Informationen war. Der Autor Hans Freimark schrieb in seinem Buch »Okkultismus und Sexualität« (Leipzig, o. J.) darüber:

»Auch soll er (der Aufzunehmende) schwören, daß er glaube und glauben werde an den Gott Schöpfer und an dessen eingeborenen, nicht gestorbenen und nicht sterben könnenden Sohn, das ewige Wort, nie geboren, gelitten, gekreuzigt, gestorben oder von den Toten auferstanden. Er soll endlich schwören Haß und unwiderrufliche Feindschaft den weltlichen Tyrannen, der Synagoge des Antichrists, des neuen Babels, das ist Roma, dessen Kommen Johannes vorhergesagt hat. Hat der Kandidat den Eid geleistet, so werfen alle Brüder die Kreuze, welche sie in den Händen halten, zur Erde, treten sie mit Füßen und bespeien dieselben. Dies zur Bestätigung seines Schwures zu tun, wird dem Kandidaten unter Darreichung eines Holzkreuzes geboten.«

Freimark bestätigt die von mir vertretene Position, nach der die Templer Gründe für ihr Vorgehen hatten: Sie glaubten – wie die Kirche – an einen Schöpfer, den sie behelfsweise Gott nannten, hielten aber das bestehende Kirchensystem, insbesondere die katholische Kirche und den Papst in Rom, samt der den Menschen Demut gebietenden Kirchenlehre, Jesus sei für die Menschen am Kreuz gestorben, für falsch und ausschließlich den Zielen der Kirchenfürsten dienlich. Der Papst war für sie der eigentliche Antichrist! Auf Basis dieser Annahme war es nur logisch für die Tempel-Herren, daß sie die den traditionellen christlichen Glauben symbolisierenden Gegenstände, wie beispielsweise das Kreuz, in den Schmutz traten und verunglimpften. Und: In der Johannes-Offenbarung steht tatsächlich zu lesen, daß der Antichrist eines Tages bis in die höchsten Ämter, auch die der Kirche, aufsteigen werde. Was wußten die Templer, was wir nicht wissen? Gibt es ein — in mehrfacher Hinsicht — »dunkles Geheimnis«?

Meines Erachtens waren die Templer im Begriff, eine Gegenkirche, *ausschließlich basierend auf dem Glauben an einen Schöpfergott*, zu organisieren. Ihre gesamte Vorgehensweise deutet darauf hin: Die Ritter des Ordens schufen eine große und unabhängige Organisation, die das bestehende System nicht nur in Abhängigkeiten brachte, sondern eines Tages vielleicht sogar dessen Sturz herbeigeführt hätte. Allerdings bleibt eine Antwort auf die Frage, was die Templer für glaubhafte Informationen erhalten hatten, um einen derart gefährlichen Kurs zu wagen, unbeantwortet im Raum stehen. Ich persönlich denke dennoch, daß die Entwicklung des Templer-Ordens mit der späteren Freimaurerei in mancherlei Zusammenhang gesehen werden muß und daß möglicherweise das, was die Templer zu einem Gegenkurs veranlaßte, überliefert wurde und nunmehr ein Bestandteil des »Geheimnisses der Freimaurerei« sein könnte.

Ich muß, um hier nicht mißverstanden zu werden, klarstellen, daß ich an dieser Stelle keine Einteilung oder Bewertung in »Gut« und »Böse« vornehmen will. Die Kirche sah im Templer-Orden letztlich nicht nur eine Gefahr für sich selbst, sondern auch für die lange Tradition christlichen Glaubens und damit den Bestand der abendländischen Kultur. Natürlich wurden in diesem Zusammenhang auch machtpolitische Zielsetzungen verfolgt, denn niemand, der die Macht in Händen hatte, war je bereit, sie freiwillig herauszugeben. Die Tempel-Herren erblickten ihrerseits in der Kirche wahrscheinlich ebenfalls eine Bedrohung, weil sie aufgrund bestimmter Informationen etwas erfahren hatten, das den Führungsanspruch der Kirche zunichte machte bzw. einschränkte. Möglicherweise vertraten die obersten Riegen des Ordens die Auffassung, daß die Kirche auf Basis falscher Behauptungen agierte und damit ein Weltbild zementierte, das durch nichts begründet war, die Entwicklungsmöglichkeiten vieler Menschen allerdings massiv einschränkte. Daher sahen sich die Templer in der Aufgabe, die herrschenden Zustände mittel- bzw. langfristig zu ändern.

Daß die Kirche letztlich mit allen zur Verfügung stehenden Mitteln gegen den Orden vorging, ist hinreichend bekannt. Dabei wurde man seitens der Geistlichkeit nicht müde, den Templern alle möglichen Verbrechen in die Schuhe zu schieben. So hieß es z. B., sie hätten schwarze Messen betrieben, während deren sogar Kinder geopfert wurden. Beweise indes bleiben dafür aus. Dokumentieren läßt sich allerdings, und darauf wird auch innerhalb der Prozesse gegen die Templer eingegangen, die Anbetung eines Idols, des sogenannten Baphomets, das seitens der Beschuldigten aber als christliches Ritual charakterisiert wurde und die Verleugnung Petri darstellen sollte. Was war dieser Baphomet aber wirklich?

Die Verteidiger des Ordens bleiben logischerweise bei der christlich-mystischen Deutung, wonach er ein Symbol Christi war. Die Gegner sagen, er sei ein Symbol des

Teufels. Der Orientalist Josef von Hammer-Purgstall, der Anfang des 19. Jahrhunderts in Wien lebte und sich mit dem Thema intensiv auseinandersetzte, schrieb in seinem 1818 erschienen Buch »Fundgruben des Orients«, daß er während seiner Untersuchungen und Reisen an verschiedenen Templer-Kirchen an den Mauern Darstellungen von Gralen und Idolen gefunden habe, die jener Beschreibung glichen, die vom Baphomet in den Templer-Prozessen gegeben wurde.

In einer bestimmten Richtung des Okkultismus ist ebenfalls vom Baphomet die Rede. Er wird hier als schwarzer Ziegenbock dargestellt, dem die satanische Gemeinde Ehrenbezeigungen erweisen muß.

Nach geheimwissenschaftlichen Überlieferungen entwarf der französische Okkultist Eliphas Lévi eine stilisierte Darstellung des Baphomet. Die Zeichnung, die auf der nächsten Seite zu sehen ist, stellt ein Wesen mit dem Kopf eines Ziegenbockes dar, zwischen dessen Hörnern Schwefeldampf aufsteigt, während auf der Stirn das Pentagramm brennt. Das in jeder Beziehung kurios aussehende Ungeheuer hat einen weiblichen Körper und besitzt Flügel. Es sitzt auf einem schwarzen Kubus, die Bocksfüße stehen symbolisch auf der Erdkugel. Auf dem mit Nixenschuppen bedeckten Leib befindet sich der Hermesstab, der von einer Schlange umwunden wird, von der insgesamt drei Exemplare auf dem Bild vorhanden sind. Die beiden sich gegenüberstehenden Schlangen sollen, nach alter magischer Überlieferung, gleich den beiden Säulen Jachin und Boas in der Freimaurer-Loge, die Bipolarität von Gut und Böse in der Welt symbolisieren. Die Hände, welche die priesterliche Fingerhaltung nachempfinden, sind ausgestreckt. Die rechte, mit der Aufschrift »Solve« nach oben auf den abnehmenden Mond hin, die linke, mit der Aufschrift »Coagula« nach unten auf den zunehmenden Mond hin. Die Aufschriften stellen nach den Überlieferungen Talismane des Mystikers Khunrath dar, beziehen sich auf die so bezeichnete astrale Seelenkraft und bedeuten:

»Erst sammle sie [diese Kraft] *und dann verbreite sie!«*

Antimaurerisch beeinflußte bildliche Darstellung des Gottes Baphomet.

Die Anbetung des Baphomet, eines Götzen also, war nur ein Anklagepunkt unter vielen, die den Templern als Verstoß gegen ihre Treuegelübde vorgeworfen wurden, nachdem diese in einer von langer Hand vorbereiteten Aktion am 13. Oktober 1307 auf Befehl des französischen Königs Philipp IV. verhaftet und schließlich vor Gericht gestellt wurden.

In den Morgenstunden des genannten Tages waren fast alle Tempel-Herren in Haft genommen worden. Nur einige wenige, meist in der Hierarchie des Ordens oben stehende Persönlichkeiten mußten von dem Vorhaben des Königs erfahren haben und waren so rechtzeitig geflüchtet. Alles in allem wurde die Aktion gegen die Templer als Erfolg bezeichnet, ihre Besitztümer wurden beschlagnahmt und die Vereinigung zerschlagen.

Der Prozeß zog sich, nicht zuletzt aufgrund offensichtlicher Unstimmigkeiten zwischen den Anklägern, die sowohl von weltlicher wie auch geistlicher Seite aufgeboten wurden, über sieben lange Jahre hin. Die Bekenntnisse der Templer, die die Grundlage für ihre Verurteilung bildeten, werden von den meisten Forschern der Folter zugeschrieben. Tatsache aber ist, daß von den 138 verhafteten Templern in Paris nur vier bei der Unschuld des Ordens verharrten. Unter denen, die sich und den Orden schuldig bekannten, war auch der Generalprokurator an der römischen Kurie, Peter von Bologna. Verleugnung und Bespucken des Kreuzes, unsittliche Küsse und orientalische Laster wurden vielfach eingestanden. Nur von der Anbetung des Idols war seltsamerweise wenig zu hören. Der Großmeister des Templer-Ordens, Jakob de Molay, der auch unter den Gefangenen war, gab die Verleugnung Christi und das Bespeien des Kreuzes zu, leugnete aber die Aufforderung zum gleichgeschlechtlichen Verkehr.

Merkwürdig ist in diesem Zusammenhang, daß de Molay aber in einem Brief, der vom 25. Oktober 1307 datierte, diese und noch weitere Vergehen schließlich doch gestand, ja, seinen unterstellten Ordensbrüdern sogar *befahl*, dem Inquisitor gegenüber alles zuzugeben. Dieser Brief befindet sich übrigens in der Urkundensammlung der Pariser Universität, ist also keine Legende. Diese Merkwürdigkeit wird noch dadurch vergrößert, daß de Molay erwiesenermaßen niemals gefoltert wurde, so daß von einer Erpressung von Geständnissen bei diesem Zeugen — und er war zweifellos einer der wichtigsten — überhaupt keine Rede sein kann.

Nur einmal, am 28. März 1310, wurden die gefangenen Tempel-Herren zusammengebracht: im bischöflichen Garten in Paris wurden ihnen die Anklageartikel vorgelesen. Ansonsten saßen sie in Einzelhaft.

Viele Templer nahmen im Verlaufe des langen Prozesses ihre Geständnisse zurück und verurteilten sich aufgrund der damals herrschenden Gesetzgebung selbst zum Feuertod. Wie viele insgesamt verbrannt wurden, wie viele an den Folgen der Folter und der Haft starben, läßt sich heute nicht mehr genau feststellen. Man weiß lediglich, daß am 12. Mai 1310 in Paris 54 Templer verbrannt wurden, wenige Tage später vier weitere. Sie starben mutig und ihre Schuld widerrufend. Auch in anderen Städten bestiegen die Tempel-Herren die Scheiterhaufen ohne ein Wort des Klagens, was beim Volk, das den Hinrichtungen beiwohnen mußte, zu erheblichen Sympathiebekundungen führte.

Der Ordensgroßmeister selbst, Jakob de Molay, wurde erst vier Jahre später dem Flammentod zugeführt, am 18. März 1314, und zwar in Paris. Der oft kolportierte Bericht, wonach de Molay, »als schon die Flammen emporzüngelten, seine beiden ungerechten Richter aufgefordert habe, sich vor Gott zu rechtfertigen, zu welchem Zweck der Papst binnen vierzig Tagen, der König binnen vierzig Wochen vor Gottes Richterstuhl erscheinen sollten«, wurde des öfteren als unhistorisch abgewiesen. Tatsache ist jedoch, daß Papst Clemens V. in der Nacht zum 20. April 1314 unter fürchterlichen Schmerzen verstarb, während König Philipp IV. bald nach dem Tode de Molays in ein schweres Siechtum verfiel. Kein Arzt konnte die Ursache dafür ermitteln, und so verließ das gekrönte Haupt am 29. November desselben Jahres das Diesseits.

Die Verbrennung des Templer-Großmeisters Jakob de Molay im Jahre 1314.

Die Freimaurer haben in der Vergangenheit immer wieder versucht, einen historischen Zusammenhang zwischen sich und den Templern aufzuzeigen – und sind dafür oft verächtlich gemacht worden. Meines Erachtens besteht diese Verbindung jedoch tatsächlich, wie ich darzulegen versucht habe. Darüber hinaus existiert eine Vielzahl von

Hinweisen, daß das Erbe der Templer in der Freimaurerei seine Fortsetzung fand. Doch nicht nur die Verbindung der Freimaurerei zu den Tempel-Herren des Mittelalters ist interessant, sondern auch der Kontakt zu den mittelalterlichen Bauhütten, die mehr noch als die Templer als Basis der Bruderorganisation angesehen werden. Die Gegner des freimaurerischen Gedankens haben immer wieder behauptet, die Bauhütten hätten nichts mit der »geschlossenen Gesellschaft« zu tun, während diese allzuoft davon ausging, gerade hier ihre Wurzeln zu haben. Wahrscheinlich liegt die Wahrheit — wie so oft — in der Mitte.

Die historischen Steinmetz- und Baubrüderschaften befaßten sich ursprünglich nur mit dem Bauen in Stein, waren also nicht mehr und nicht weniger als mittelalterliche Handwerkerzünfte. Ihre künstlerischen Fähig- und Fertigkeiten hatten sie mit hoher Wahrscheinlichkeit aus dem alten Rom überliefert bekommen. Sie versuchten verständlicherweise, das im Laufe von Generationen erworbene Wissen in Form der Konstruktionsgeheimnisse von Steinbauten vor den Augen von Uneingeweihten zu verbergen, betrieben sozusagen — modern formuliert — einen Schutz von Betriebsgeheimnissen.

Die Mitglieder der Bauhütten wurden oft in Klöstern erzogen, pflegten die Regeln des heiligen Benedikt und verehrten als ihren Schutzpatron den heiligen Johannes den Täufer. Von diesem erhielten später auch die drei untersten Grade der Freimaurerei ihren Namen: Johannes-Logen (auch Johannis-Logen).

Schon um das Jahr 700 v. u. Z. werden erstmals Baubrüderschaften in Urkunden und Chroniken erwähnt. In Deutschland, wo es bereits im 5. Jahrhundert Steinbauten gab, finden wir im 10. Jahrhundert die ersten geschichtlich eruierbaren Bauschulen. Für die Öffentlichkeit wurden die Bauhütten im Jahre 1634 aufgelöst, tatsächlich aber bestanden sie noch bis 1857 fort. Der ausgewiesene Freimaurer-Gegner Guido von List will noch persönlich einen der letzten Vertreter der echten Bauhütten gekannt haben. Auch nach England sollen die Baugeheimnisse von deutschen Mönchen gebracht worden sein, und man will sogar Spuren des Hüttengeheimnisses im Jahre 1099 in Utrecht gefunden haben. Zu dieser Zeit begegnet man auch schon der Verknüpfung des Laienelements mit dem Klerikerelement in Sachen des Baugewerbes. Die Leiter dieser Hütten waren – egal, ob Laien oder Kleriker – stets einem strengen Zunftsystem unterworfen, das von einer Vielzahl innerer und äußerer Regeln gekennzeichnet war, deren Befolgung den Mitgliedern unter Androhung teils erheblicher Strafen geboten wurde. Zudem verfügten die meisten Hütten über eine eigene Rechtssprechung und Hüttenordnung, wie diese beispielsweise von Kaiser Rudolf von Habsburg im Jahre 1275 bestätigt wurde.

Die Tatsache, daß sich die Laienbrüder schließlich von den Klosterbaumeistern abtrennten und eine besondere Zunft der Bauhandwerker, eine Bauhütte, bildeten, was zuerst im 13. Jahrhundert nachweisbar ist, brachte ihnen unter anderen Privilegien und Freiheiten auch den eigentlichen, bis heute beibehaltenen Namen der »Freien Maurer« ein. Französisch heißen sie Franc-maçons, englisch Free-masons. Das Wort »Frei« bezog sich hierbei auf die Anmerkung »frei von der klösterlichen Ordensgebundenheit«.

Ihre Wurzeln im Mittelalter habend und den für uns Heutige unverständlichen oder zumindest eigentümlich erscheinenden mittelalterlichen Lebensbedingungen folgend, umgaben sich die Bauhütten und ihre Verantwortlichen mit allerlei Geheimnissen und pflegten für Außenstehende seltsam und unverständlich erscheinende Bräuche. Nicht in jedem Falle mußten hinter solchen »Geheimnissen« greifbare Dinge stecken, allzuoft war das Ganze nur symbolisch gemeint. Das damalige Ritual, die Zeichen, Worte und Griffe, an denen die Werkmaurer sich gegenseitig erkennen konnten, sind mit teils nur geringen Abänderungen bis auf die heutige Zeit von ihren mehr oder weniger berechtigt erscheinenden Erben, zu denen neben Zünften, Innungen und Genossenschaften auch die Freimaurer gehören, überliefert worden. Unterzieht man diese Überlieferungen einer näheren Betrachtung, so ist es für sich genommen schon kurios, daß die Weitergabe von Informationen über Jahrhunderte beinahe perfekt funktionierte. Es ist zudem erstaunlich, wie Menschen, die einander bisher niemals gesehen haben, wie etwa ein Wandergeselle und ein Altmeister des Bauhandwerks, durch einige sonderbare Bewegungen und unverständliche Worte sich als Gesinnungs- oder wenigstens als Zunftgenossen erkennen und begrüßen: die Schranken, welche die Menschen normalerweise voneinander trennen, sei es Angst, Mißtrauen oder Vorsicht, fallen wie von selbst, so daß der Weg für eine gemeinsame Arbeit an einem bestimmten Vorhaben frei ist. Um ein Beispiel zu geben: So muß z. B. ein »Wandelgeselle«, wie der Wandergeselle in vielen Ordnungen heißt, mit seinem Stock dreimal an die Pforte einer ihm unbekannten Bauhütte klopfen. Daraufhin fragt ihn der »Parlierer« (in der Freimaurerei gibt es noch einen Bruder Redner, das Anrufen besorgt hier allerdings der Bruder Aufseher, auch »Schrecklicher Bruder« genannt), dem Ritual gemäß, dreimal nach seinem Begehren, so daß zwischenzeitlich die Bauleute schnell ihre Schurze und andere rituelle Abzeichen anlegen und sich nach besonderen Vorschriften aufstellen können. Dann muß der Wandelgeselle außer durch verschiedene Erkennungszeichen – Handschenk, Gruß und Willkomm genannt – sich noch durch verschiedene andere »Prüfungen« ausweisen. So hat er den Meister am Zollstab in der Linken vom Parlierer mit dem Zollstab in der Rechten zu unterscheiden und muß einem rätselhaften Frage- und Antwort-Spiel Genüge leisten. Schließlich hat er dann um eine Figur, wie beispielsweise die in der untenstehenden Abbildung dargestellte, in welcher der Meister und die anderen Bauleute sich aufgestellt haben, dreimal herumzugehen und sie dann »abzuheben«, d. h. sie exakt zu lesen bzw. zu deuten. Letztendlich hat der Wandelgeselle noch sein eigenes Steinmetzzeichen – ein jeder Zunftgenosse hatte ein solches – anzugeben. Der erwähnte Zollstab, auch Bankmaß genannt, ist in früher Zeit übrigens ein großes Winkelmaß gewesen, das rechtwinklig geknickt, nicht gerade gestreckt war, woraus sich das freimaurerische Winkelmaß erklärt.

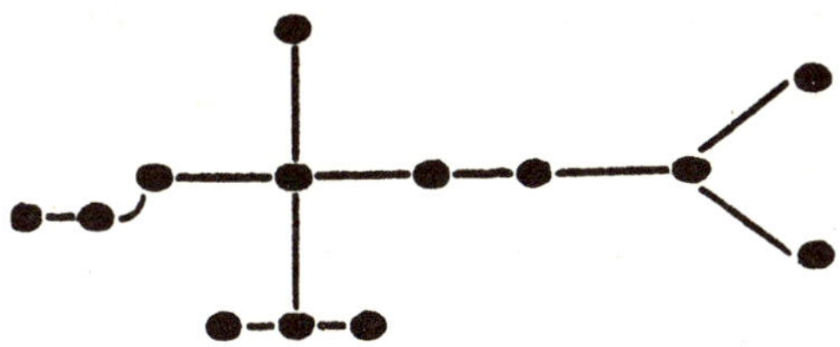

Beispiel für eine figurale Aufstellung, die vom »Wandelgesellen« abgeschritten werden mußte.

Die Steinmetzbruderschaften, deren Einrichtungen und Ordnungen hier in einigen andeutungsweisen Zügen wiedergegeben wurden, meinten wirklich und mit Recht, einer göttlichen Kunst zu dienen; sie versuchten nach eigener Aussage die Liebe zum Nächsten mit dem Gehorsam gegen die Führenden zu verbinden, selbst ihrer bösen Leidenschaften Herr zu werden und der ganzen Menschheit durch ihr Wesen und Wirken zu dienen. Wahrlich edle Ziele!

Es ist interessant, daß gerade auf (damaligem) österreichischem und deutschem Boden die Bauhütten zur höchsten Blüte und Vollkommenheit gelangten, indem sie hier eine große Zahl herrlicher Dom- und Münsterbauten schufen. Hier wirkten auch die vier Bauhütten, die für die gesamte mittelalterliche Baukunst maß- und richtungsweisend waren: die Hütte in Straßburg, die von Köln, die zu Wien und die zu Bern. Man muß wissen, daß allein die Präposition jeweils besonders gewählt ist, und schon an deren richtiger Verwendung unterschied man das echte Mitglied einer solchen Hütte vom falschen. Jede dieser Hütten hatte ihr eigenes Steinmetzzeichen: die in Straßburg das Quadrat, die von Köln das Dreieck, die zu Wien das Quadrat im Kreis, die zu Bern das Dreieck im Kreis.

Auch wenn die Zeichen und Worte von innerzünftlicher Bedeutung von den Maurern der Bauhütten geheimgehalten wurden, so war es dennoch nichts Außergewöhnliches, gelegentlich dieses oder jenes Symbol an den von ihnen errichteten Bauwerken anzubringen, das freilich seinerzeit nur von Eingeweihten verstanden werden konnte. So befindet sich z. B. am Stephansdom in Wien, am Westportal, neben vielen anderen rätselhaften bildlichen Darstellungen, eines von zweifellos maurerischer Bedeutung. Es symbolisiert den Verschwiegenheitsschwur und dessen Lehrlingszeichen:

»Eher lasse ich mir den Hals abschneiden, ehe ich das Geheimnis verrate.«

Es ist das »Halszeichen«. Daneben findet man hier auch noch das sogenannte »Meisterzeichen«, bei dem die betreffende figürliche Darstellung mit der einen Hand die Axt hält, während die andere Hand in typischer Positur zum Kopf geführt wird.

Das Halszeichen und das Meisterzeichen.

Von besonderem Interesse für die hier angestellten Betrachtungen ist eine Darstellung am gleichen Bauwerk, die mit der Bezeichnung »Christus als Freimaurer« bezeichnet wird. Christus sitzt hierbei segnend auf einem Regenbogen, mit dem Buch des Lebens, der Wahrheit und der Weisheit in der Linken, und wird in einem ovalen Gebilde von zwei Engeln gehalten. Die Darstellung verblüfft insofern, als hier eindeutig — später — als freimaurerisch zu definierende Symbole dargestellt wurden — und das an einem kirchlichen Bauwerk! Da dies nicht der einzige Fall seiner Art ist, muß davon ausgegangen werden, daß die Baumeister hier mit einer gewissen Ironie und »Heimtücke« ihre zunfteigene Vorstellungswelt manifestierten, ohne das dies von den kirchlichen Institutionen, die für

Anton Pilgram – der Wiener Dombaumeister (Stephanskirche, Wien).

Der Bau des Tempels unter Aufzeigung von Zirkel und Winkelmaß (Holzschnitt).

den betreffenden Bau zuständig waren und schließlich auch die Handwerker bezahlten, bemerkt wurde.

Das entblößte linke Bein mit dem Knie entspricht der freimaurerischen Sitte, den Neophypten, also den Anwärter, bei der Aufnahme in den Lehrlingsgrad das — allerdings rechte — Knie entblößt tragen zu lassen. Warum es nun ausgerechnet das linke Knie ist, das Christus auf dieser Darstellung entblößt hat, ist nicht umfassend zu beantworten. Es gibt hierzu lediglich einen Hinweis, der sich als Antwort auf die 67. Frage des ältesten bekannten Freimaurer-Aufnahme-Katechismus findet. Darin wird der Brauch, daß die Loge mit entblößtem linkem Knie — also im Gegensatz zu den heutigen Logengepflogenheiten — vom Lehrling betreten werden muß, wie folgt erklärt:

»Weil das linke Knie der schwächste Teil meines Leibes und ein eingetretener Lehrling der schwächste Teil der Maurerei ist.«

Christus in einer Darstellung als Freimaurer mit entblößtem linken Knie.

Ganz offensichtlich wollten die mittelalterlichen Werkmaurer Christus als Freimaurer (im Sinne der Bauhüttenzunft) erscheinen lassen — und ihrer Idee damit ein Denkmal setzen.

Angesichts der nicht zu leugnenden Tatsache, daß die Rituale der Bauhütten und die der Freimaurer in gewisser Hinsicht übereinstimmen, geht man heute allgemein und gern davon aus, daß der *wahre Ursprung* der geschichtlich nachweisbaren Freimaurerei in der Bauhüttenzunft zu suchen ist. Meines Erachtens ist das jedoch nur die halbe Wahrheit, denn schaut man sich die Literatur über die »geschlossene Gesellschaft« an, so gibt es hier auch andere Meinungen, so daß das Ganze differenzierter betrachtet werden muß. Merkwürdigerweise scheint das vielen moderneren Autoren, die das Thema der Freimaurerei bearbeitet haben, nicht aufgefallen zu sein. Schriftstellerisch tätige Freimaurer vertraten mitunter völlig gegenteilige Ansichten zur Frage der geschichtlich nachweisbaren Herkunft der Freimaurerei in bezug auf die Bauhütten, was im großen und ganzen betrachtet keineswegs dazu beigetragen hat, den Sinn und das Wesen der Bewegung in der öffentlichen Diskussion klarer werden zu lassen. Eine anerkannte Kapazität auf dem Gebiet der Freimaurerei und zudem selbst Hochgrad-Freimaurer, nämlich Prof. Dr. Ferdinand Katsch, Leipzig, schrieb in seinem 1897 erschienenen und nur für die »Brüder Freimaurer bestimmten« Buch »Die Entstehung und der wahre Endzweck der Freimaurerei. Aufgrund von Originalquellen dargestellt«:

»Der Hülle der Werkfreimaurerei [also der Bauhütten, Anm. d. Verf.] *bediente sich der Freimaurerbund nur vorübergehend, um seine wahren Absichten besser verhüllen und seine Zwecke wirksamer erreichen zu können.«*

Das bedeutet also, daß die Freimaurerei nicht aus den Bauhütten hervorgegangen ist, sondern sich ihrer aufgrund einer gewissen Zweckmäßigkeit (und vielleicht sogar aus Gründen der Tarnung) bediente! Dieser Hinweis ist interessant und wichtig, denn er weist uns in eine Richtung, die noch zu betrachten sein wird: Den auf die Bauhütten bestehenden Einfluß solcher Personen, die nur als passive oder korrespondierende Mitglieder agierten und mit dem eigentlichen Handwerk kaum in Berührung kamen.

Katsch behauptete in seinem Werk aber noch etwas anderes:

»Ein hervorstechender Zug am Freimaurerbund ist, daß er sich von jeher zur systematischen Irreführung sowohl des profanen Publikums, als selbst der Mitglieder des Bundes, vor welchen die wahren Absichten des Bundes verborgen bleiben sollten, systematischer Fälschungen bediente. Schon die Verfasser des Konstitutionenbuches von 1723, der freimaurerischen Haupturkunde und des freimaurerischen Grundgesetzes fälschten die historische Wahrheit in klarstem Bewußtsein der die Großloge beherrschenden Zweckmäßigkeitsgründe.«

Diese Aussage ist – bei Kenntnis der freimaurischen Quelle – ungeheuerlich und riecht sehr nach Konspiration. Katsch, der, ich muß das nochmals betonen, Hochgrad-Bruder war, hat mit dieser und ähnlichen Verlautbarungen der »geschlossenen Gesellschaft« einen Bärendienst erwiesen und der Gegnerschaft die Argumente sozusagen frei Haus geliefert. Aber auch das ist Bestandteil der Freimaurerei: Daß die Auffassungen der Gegner der freimaurerischen Bewegung nur allzuoft von Eingeweihten höherer Grade bestätigt wurden, was genaugenommen zeigt, daß die Vertreter unterer Einweihungsgrade wenig oder gar nichts wissen über das, was die Hochgrade wissen, denken und tun.

Was Katsch mit seinem ersten Zitat sagen wollte, ist, daß die Bauhütten nachweisbar nicht nur aus im Steinbau arbeitenden Zunftgenossen bestanden, sondern daß man auch andere Personen in sie eintreten ließ. Dieser Umstand trug letztendlich zu Auflösungserscheinungen bei, da der eigentliche Sinn und Zweck der Bauhütten als Zunftorganisationen dem Vergessen anheim fiel. Dieser sich während der Zeit der Reformation noch deutlich verstärkende Trend sorgte allerdings dafür, daß sich die Freimaurer etablieren konnten.

Die »anderen Personen« waren Leute, die nicht die wirkliche Baukunst erlernt hatten, sondern nur aufgenommen worden waren, um die inneren Ziele der Bauhütten kennenzulernen. Sie wurden als Briefmaurer bezeichnet. Den Anfang machten hierbei wohl zuerst als Ehrenmitglieder aufgenommene Personen, die als Freunde oder Förderer der Zünfte angesehen wurden. Je mehr jedoch die Zahl der Briefmaurer zunahm, um so mehr wurden die Werkmaurer zurückgedrängt. Manche Autoren sehen in diesem Vorgang einen (konspirativen) Plan, der durch die Katschschen Äußerungen sogar noch unterstützt wird.

In England waren beispielsweise nach dem Ende der Bauarbeiten an der berühmten St.-Paul's-Kathedrale im Jahre 1710 die Briefmaurer den Werkmaurern gegenüber so stark angewachsen, daß die Erstgenannten begannen, eigene Logen zu eröffnen. Die Briefmaurer nannten sich von da an »accepted masons«.

Während die Briefmaurer-Logen an Bedeutung ständig zunahmen, gingen die Logen der wirklichen Maurer mehr und mehr ein, so daß letztendlich in London noch vier vorhanden waren, aber auch in diesen waren die Brief-

Der Erbauer der Londoner St.-Paul's-Kathedrale: Sir Christopher Wren.

maurer bereits deutlich in der Überzahl. Es handelte sich dabei um die Logen »Zur Krone«, »Zum Apfelbaum«, »Zur Gans und zum Rost« und »Zum Römer und zur Weintraube«, die nach den Gasthäusern bezeichnet wurden, in denen sich die Brüder regelmäßig trafen.

Unter den Mitgliedern der Briefmaurer-Logen fand man zunächst kaum einfache Leute. Im Gegenteil, hier verkehrte die Elite der damaligen Gesellschaft, unter ihnen Lords, Grafen und andere Vertreter des Adels sowie Gelehrte als auch Mitglieder der Geistlichkeit. Unter ihnen befand sich auch der schon erwähnte Reverend Anderson, der Verfasser des berühmten Konstitutionenbuches. Er und einige andere gründeten im Jahre 1717 eine eigene Loge, und hier erschien dann auch 1723 das eben genannte Werk, das große Bedeutung erlangen sollte und seither als Grundlage der gesamten Freimaurerei angesehen wird. Daß es hierzu auch kritische Anmerkungen, wie z. B. von seiten Prof. Katschs gab, erwähnte ich bereits.

Reverend Anderson selbst gibt im Anhang seines Konstitutionen-Buches eine Beschreibung der Geschichte der Freimaurerei, die kaum glaubhaft ist. Selbst ein überzeugter Freimaurer wie Gotthold Ephraim Lessing bezeichnet sie als »handgreifliche Gaukelei«.

Als Außenstehender muß man wissen, daß achtzig Jahre vor Veröffentlichung des Konstitutionenbuches bereits eine Schrift erschienen war, die in versteckter Form das eigentliche Programm der Freimaurerei erhielt. In dieser Schrift wurde aber auch der unbedingte Wille zur Macht aufgezeigt. Verfasser der »Neu-Atlantis« titulierten Werkes war kein geringerer als der berühmte Philosoph Francis Bacon, der von 1561 bis 1626 lebte und es unter dem König Jakob I. bis zum Staatskanzler brachte.

Daß »Neu-Atlantis« in bestimmter Hinsicht mit der späteren Entwicklung der Freimaurer-Bewegung in Verbindung gebracht werden kann, wird nicht in Zweifel gezogen, hatte doch schon ihr Übersetzer ins Deutsche, R. Walden, in seinen »Beiträgen zur Vorgeschichte der Freimaurerei« entsprechend darauf hingewiesen.

Doch zurück zum Konstitutionenbuch. In seinem zweiten Teil wurden auch die sogenannten »Alten Pflichten« veröffentlicht, die als Verhaltensmaßregeln für die Freimaurer-Brüder gelten. Um einen Überblick über diese geben zu können, seien die ersten drei Punkte dieser Pflichtenaufstellung an dieser Stelle einmal aufgezeigt:

»1. Der Maurer ist als Maurer verpflichtet, dem Sittengesetze zu gehorchen; und wenn er ein echter Jünger der Kunst ist, wird er gewiß kein törichter Gottesleugner oder ein religionsloser Spötter sein. Aber während die Maurer sich in alten Zeiten zu derjenigen Religion bekennen mußten, die in ihrem Lande oder Volke galt, halten wir es heute für besser, sie bloß zu der Religion zu verpflichten, in welcher alle Menschen übereinstimmen, und jedem seine persönlichen Überzeugungen zu lassen. Mit anderen Worten: Sie sollen gute und treue Männer sein, Männer von Ehre und Rechtschaffenheit, so verschieden ihre Benennungen und Glaubensmeinungen auch sein mögen. Auf diese Weise wird die Maurerei zu einer Stätte der Einigung und zu einem Mittel, Menschen, die einander dau-

ernd fremd geblieben wären, in treuer Freundschaft zu verbinden.

2. Der Maurer ist ein friedliebender Untertan der Staatsgewalt, gleichviel, wo er lebt und arbeitet; er darf sich niemals an Empörungen und Verschwörungen gegen den Frieden und die Wohlfahrt des Volkes beteiligen, auch den ausführenden Regierungsorganen keinen Widerstand entgegensetzen. Da die Maurerei von Krieg, Blutvergießen und bürgerlichen Wirren immer nur Schaden gehabt hat, so ist die friedliche und gesetzestreue Gesinnung der Maurer, durch die sie die Verleumdungen ihrer Feinde am besten widerlegten, von jeher Ursache gewesen, daß die Könige und Fürsten sich ihrer annahmen und das Ansehen der Brüderschaft, die in Friedenszeiten stets gedieh, hoben. Wenn daher ein Bruder sich gegen die Staatsgewalt auflehnt, darf er in seinem aufrührerischen Vorhaben nicht unterstützt werden, obwohl man ihm als einem Unglücklichen Bedauern schenken muß. Auch kann man ihn, wenn er keines anderen Vergehens überführt wird, nicht aus der Loge ausstoßen — so sehr die gesetzestreue Brüderschaft sein aufrührerisches Vorgehen mißbilligen soll und muß, um der bestehenden Regierung keinen Vorwand oder Grund zum politischen Mißtrauen zu geben —; seine Verbindung mit ihr bleibt unauflöslich.

3. Die Loge ist der Ort, wo die Maurer zusammenkommen und arbeiten. Daher nennt man dann jene Versammlung oder gehörig eingerichtete Gesellschaft von Maurern eine Loge. Jeder Bruder muß einer solchen angehören; er ist an ihre Satzung und die allgemeinen Anordnungen gebunden. Die Loge ist entweder eine »einzelne« oder eine »allgemeine«; man lernt sie am besten verstehen, wenn man sie besucht, aber auch durch die unten folgenden Anordnungen der Allgemeinen oder Großen Loge. In alten

Zeiten durfte kein Meister oder Mitbruder fehlen – besonders dann nicht, wenn er aufgefordert war zu erscheinen –, ohne sich einem strengen Verweis auszusetzen, es sei denn, Meister und Aufseher hätten sich davon überzeugt, daß ein zwingender Grund ihn am Erscheinen verhindert hatte.

Die als Mitglieder einer Loge aufgenommenen Personen müssen gute und aufrichtige Männer sein, von freier Geburt, in reifem und gesetztem Alter, keine Leibeigenen, keine Frauen, keine sittenlosen und übel beleumdeten Menschen, sondern nur solche von gutem Ruf.«

Die drei Punkte mögen als Beispiele für die Verhaltensmaßregeln genügen. Interessanterweise war das Verhältnis der Logen zu diesen »Alten Pflichten« keineswegs gleich. Bei manchen Vereinigungen wurden sie verworfen, bei anderen ganz oder auch nur teilweise akzeptiert. Selbst hier zeigte sich, wie sonst auch, daß die Freimaurerei in weiten Teilen oft alles andere als eine auf gemeinsamen Richtlinien aufbauende Vereinigung war.

Abschließend sei noch vermerkt, daß dem Konstitutionenbuch bei späteren Auflagen die sogenannte »Apologie der Gesellschaft der Freimaurer« beigefügt wurde, die im Jahre 1738 erstmals in Dublin erschienen war. Diese wurde übrigens im Februar 1739 in Rom auf Befehl des Papstes Clemens XII. von einem Henker in aller Öffentlichkeit verbrannt – als sichtbarer Hinweis, was die katholische Kirche von den Statuten der »geschlossenen Gesellschaft« hielt.

Zwischen 1717 und 1738 verbreitete sich die Freimaurerei relativ rasch auf europäischem Boden. Vor allem von England aus hielt sie Einzug in den Niederlanden, in Deutschland, Schottland, in der Schweiz und vielen an-

Titelbild des Konstitutionenbuches »Ahiman Rezon« mit den Wappen der Freimaurer.

deren Nationen, worauf noch einzugehen sein wird. In Deutschland wurde die erste Loge 1737 in Hamburg gegründet, ein besonderer Förderer des freimaurerischen Gedankens war Preußens König Friedrich II., der nicht nur selbst Loge hielt, sondern auch viele der von ihm vertretenen Auffassungen in die preußische Gesetzgebung einfließen ließ.

Friedrich II. hält Loge.

Bald gab es so viele Logen in Deutschland, daß schon wenige Jahre nach der Gründung der ersten in der Provinz Obersachsen ein eigener, sogenannter Provinzialobermeister bestellt werden mußte.

In Österreich war die Freimaurerei unter Josef II. offiziell zugelassen, auch wenn hin und wieder die Zahl der Logen beschränkt bzw. Kontakte der Brüder ins Ausland untersagt wurden. Josefs Nachfolger, Leopold II., war selbst Freimaurer, aber Franz II., sein Sohn, hob 1794 den Orden auf, der von dieser Zeit an bis zum Jahre 1918 in

Österreich nur unter der Fahne humanitärer Vereine weiter bestand, doch ansonsten mit derselben Agilität wie vorher arbeitete.

Auch in Italien entwickelte sich die Freimaurerei. Sie entfaltete sich relativ rasch, und selbst im päpstlichen Rom entstand bald eine Loge. Auch hier wurde die Maurerei verboten, was aber insgesamt betrachtet nichts an ihrem Wirken änderte. Der Einigungsgedanke, der auch Rom und die weltliche Macht des Papstes einbezog, wurde hauptsächlich von den Freimaurern getragen. Sein Sieg war durch die Errichtung eines neuen Italien im Jahre 1870 ins öffentliche Bewußtsein getreten — und mit ihr natürlich die »geschlossene Gesellschaft«.

Eine ganz besonders wichtige Rolle spielte die Freimaurerei in Nordamerika, genauer in den Vereinigten Staaten von Amerika. Die erste Loge, die in Boston entstand, wurde bereits im Jahre 1730 gegründet. Wenn bei irgendeiner Art von Freimaurerei das politische Wirken zugegeben wird, was höchst selten der Fall ist, dann im Falle

George Washington leistet den Präsidenteneid auf die Freimaurer-Bibel einer New Yorker Loge.

der Gründung der USA im Jahre 1776. George Washington und andere Präsidenten nach ihm legten ihren Amtseid auf eine noch heute erhaltene Freimaurer-Bibel ab. Die vom Logengeist durchdrungene Verfassung der Vereinigten Staaten galt dem Liberalismus als Muster und wurde immer wieder als anzustrebendes, höchstes Ziel dargestellt. Schon in der Unabhängigkeitserklärung, von deren 56 Unterzeichnern 53 nachweislich Freimaurer waren, wurden bestimmte Grundsätze freimaurerischen Denkens festgehalten.

Damit noch einmal zurück auf den europäischen Kontinent. Wie ich bereits feststellte, verbreitete sich die Freimaurer-Bewegung hier besonders rasch, wobei England eine Sonderrolle einnahm. Die grundlegenden Gedanken der Freimaurerei wurden nämlich von der ersten Englischen Großloge an durch alle Verzweigungen, Systeme und Riten Europas weitergeleitet. Noch vor dem Erscheinen des Konstitutionenbuches umschrieb einer der geistigen Väter des englischen Freimaurer-Bundes, John Toland, in seinem Werk »Pantheistikon« die Grundsätze maurerischen Handelns:

»Ein jeder bekennt seine väterliche oder Landesreligion, sollte diese aber grausame, tyrannische, wollüstige oder intolerante Grundsätze enthalten, so hält er es für seine Pflicht, zu einer milderen, reineren und freieren überzugehen. Sie behaupten nicht allein die Freiheit, zu denken, sondern auch zu handeln, jedoch mit Verabscheuung aller Ungebundenheit. Sie sind allen Tyrannen feind, mögen diese nun despotische Monarchen, oligarchische Optimaten oder anarchische Demagogen sein.«

Diese Umschreibung der Aufgaben des modernen Freimaurer-Bundes durch einen seiner Mitbegründer wurde

Das Staatsschwert der Großloge von England.

einige Jahre später in dem »nur für Brüder« bestimmten »Wiener Journal für Freimaurer« auch all denjenigen verständlich gemacht, welche das eher philosophisch orientierte Werk Tolands inhaltlich nicht begriffen hatten:

»Unser Orden ist eine Gesellschaft, die sich zum ersten, unumgänglichsten Zweck ihrer Vereinigung gemacht hat, alle die nichtigen, in ihren Folgen so entsetzlichen Rücksichten auf Fremdgeburt, Stand und Religion unter ihren Gliedern gänzlich aufzuheben. Zu dem Ende ist es eines ihrer ersten Grundgesetze, den ganzen Wert des Menschen außer seiner Tugend in sonst nichts als in jene Bestimmungen allein zu legen, durch welche uns die Natur zu Wesen einer Gattung, zu Bürgern einer Welt, zu Kindern einer Mutter gemacht hat.«

Freilich war man sich der Tatsache bewußt, daß derartige Erklärungen gegen jegliches kirchliche Bekenntnis wie auch gegen die dynastisch-monarchistische Gewaltenverteilung der damaligen Zeit verstießen und somit *umstürzlerischen* Charakter hatten. Die Gegner der Freimaurer vermuteten daher nicht ganz zu Unrecht, daß dies wahrscheinlich der Grund war, ab dem Jahre 1740 die schon mehrfach genannten »Hochgrade« einzuführen, durch die es möglich erschien, die große Masse der Brüder, die in der Johannis-Maurerei organisiert waren, in dem Glauben zu belassen, man beschränke sich nur auf die Verkündung der o. g. Lehren, während das eigentliche Verständnis der Freimaurerei, ihr eigentlicher Sinn und Zweck erst in den höheren Graden enthüllt wurde. Man behauptete also nicht mehr und nicht weniger, als daß die Johannis-Logen das Fußvolk und die Hochgrade die Führung einer auf lange Sicht angelegten Umsturzbewegung seien — eine aus damaliger Sicht der Verhältnisse durchaus nachvollziehbare Schlußfolgerung, die selbstverständlich in heutiger Zeit in dieser Form keine Berechtigung mehr hat, denn der Einfluß der Kirche ist zurückgedrängt worden, und die wenigen Königshäuser, die heute noch in der Welt existieren, sind wesentlicher Teile ihres Einflusses beraubt worden.

Bei der Herausbildung der europäischen Hochgrad-Logen ist eine besondere Merkwürdigkeit zu verzeichnen. Auch auf die Gefahr hin, ein gesellschaftliches Tabu zu brechen, muß dennoch darauf eingegangen werden, denn diese Tatsache brachte den Freimaurern die Gegner- und Feindschaft vieler Andersdenkender ein, die oft von der breiten Öffentlichkeit nicht verstanden wird.

Seit dem Erstarken der Hochgrad-Logen hatten Juden in ihnen die Führung. Das ist insofern beachtenswert, als man im 18. Jahrhundert in fast allen Gesellschaftsschichten die Juden als Mitglieder einer ordentlichen Gesellschaft ablehnte, wenn man einmal davon absieht, daß man sie zur Befriedigung materieller Bedürfnisse benutzte. Nun war eines der Ideale der Freimaurerei sicherlich die Gleichstellung aller Menschen, egal welcher Herkunft sie auch sein mochten, doch es ist irritierend, daß die Zahl jüdischer Mitglieder in den Hochgrad-Freimaurer-Vereinigungen unverhältnismäßig hohe Werte erreichte und daß diese vorwiegend Führungspositionen einnahmen.

Eine durchaus nachvollziehbare Begründung könnte darin zu suchen sein, daß die jüdischen Bewohner verschiedener europäischer Staaten nun ihre Zeit gekommen sahen, sich als gleichberechtigte Bürger ihrer Nation beim Kampf um eine bessere Gesellschaft einzubringen, nachdem sie jahrhundertelang in breiter Front verfolgt oder zumindest gemieden worden waren. Und wie die weitere Entwicklung zeigte, sollten sie ihre Chance nutzen, getreu dem allseits bekannten Motto, daß das Glück dem Tüchtigen gehört.

Das 1743 in Frankreich beispielsweise noch ziemlich unbekannte Hochgrad-Wesen nach »Schottischem Ritus« wurde nicht zuletzt durch jüdischen Einfluß innerhalb von etwa fünfzehn Jahren auf beinahe alle führenden Mitglieder der französischen Logen ausgedehnt und von diesen dann rasch über alle Gebiete der abendländischen Kulturwelt verbreitet. 1761 reiste der Pariser Jude Stephan Morin mit einem Patent des »Conseil des Empereurs d'Orient et d'Occident« nach Nordamerika, um dort das Hochgrad-System seiner französischen Auftraggeber einzuführen. Auf der von ihm initiierten Grundlage entstanden dort in der Folge zahlreiche Bruder-Organisationen, die nach und nach bis nach Südamerika reichten.

Im Jahre 1801 beschlossen fünf Freimaurer jüdischer Abstammung in Südkarolina, die bis dahin und dort vorherrschenden 25 Grade zu erweitern und acht weitere Grade hinzuzufügen, womit letztlich der »Schottische Ritus mit 33 Graden« entstand. Moses John, Manasse Spitzer und Haimann Isaak Long leiteten die erste Zusammenkunft der so entstandenen neuen Loge in Charleston. Von dort brachte ein anderer Freimaurer namens de Grasse-Tilly im Jahre 1804 das 33-Grad-System nach Frankreich, wo er in Paris den »Suprême Conseil« konstituierte, der seinerseits Logen des »Schottischen Systems« nicht nur in allen französischen Departements verbreitete, sondern der auch dafür sorgte, daß Ableger in den Niederlanden, Spanien, Portugal, Italien und Großbritannien entstanden.

Daneben war ein weiterer jüdischer Freimaurer, Antoine Firmin-Abraham, der zur Loge »Les élèves de Minerve« in Paris gehörte und dort sogenannter Meister vom Stuhle war, bestrebt, auch die bereits in Frankreich bestehenden Logen unter dem »Grand Orient de France« so zu beeinflussen, daß sie nach dem »Schottischen Ritus mit 33 Graden« arbeiteten.

Da ich schon bei der — wenigstens andeutungsweisen — Abhandlung eines heutzutage in bezug auf die Freimaurerei selten behandelten Themas bin, möchte ich gleich noch auf ein anderes aufmerksam machen. Dieses betrifft die »Ägyptische Maurerei«, die oft vernachlässigt wird, weil man glaubt, sie habe keine Bedeutung mehr oder sei als extremer Auswuchs der neuzeitlichen Freimaurer-Bewegung zu sehen. Diese Form der Maurerei wird durch ein besonderes Hochgrad-System verkörpert, das nach unterschiedlichen Angaben, die man in der Literatur finden kann, über 90, 97 oder gar 99 Grade verfügt, wobei ich mich bei meinen weiteren Betrachtungen auf das 90-Grad-System des in französischer Sprache so bezeichneten »Rit Misraïm« beschränken möchte. Die Gegner der Freimaurerei vermuteten in diesem System die beste Gewähr dafür, daß jedem Bruder nur das an Aufgaben und Arbeiten seines Bundes bekannt wurde, für dessen Erkenntnis er reif und zu dessen Realisierung er fähig und willens sein würde, während die Freimaurerschaft seit jeher behauptet, daß diese Maurerei keine Reinform sei und deshalb außerhalb jeglicher Betrachtungen stehen müsse.

Wie immer man darüber denken mag, Tatsache ist, daß die Bedeutung der Ägyptischen Maurerei nicht geleugnet werden kann, denn bei genauem Quellenstudium zeigt sich, daß sie sehr wohl eine nicht zu unterschätzende Bedeutung hat. Die ersten verläßlichen Informationen über diese »geschlossene Organisation« oberhalb der »geschlossenen Gesellschaft« gehen auf das erste Jahrzehnt des 19. Jahrhunderts zurück — und basieren erstaunlicherweise auf Darstellungen freimaurerischer Publikationen, wie beispielsweise:

– »Die Bauhütte, Handschrift für Brüder Freimaurer«, 1865, VIII, 21

– Claude Antoine Thory: Acta Latomorum, Chronologie de l'histoire de la Franc-Maçonnerie française et étrangère, I, Paris 1815

– George Oliver: History of Masonery from the year 1829 to the present time, London 1841.

Anhand einer auf diesen und anderen Quellen basierenden Auswertung zeigt sich, daß nicht nur einige bekannte, sondern *alle führenden* Freimaurer der damaligen Zeit in den Hochgraden der Ägyptischen Maurerei versammelt waren. In Frankreich leitete der Herzog Elie von Decazes als sogenannter »Souverain Grand Commandeur« den »Suprême Conseil« der französischen Hochgrad-Logen und bekleidete darüber hinaus hohe Würden im »Rit Misraïm«. Seit 1813 stand als »Großmeister der vereinigten Großloge der Alten Freimaurer von England« der Herzog von Sussex an der Spitze der seinerzeit ungefähr 1000 britischen Logen in England und dem unter britischen Einfluß stehenden »Rest der Welt«. Er erlangte 1820 die Einweihung in den 90. Grad. Herzog John von Atholl als Großmeister der »Großen Loge von Schottland« und Herzog Fitz-Gerald, Großmeister der »Großen Loge von Irland«, gehörten ebenfalls zu den »unbeschränkten Meistern des 90. Grades der Ägyptischen Maurerei« und verfügten über weitreichende Verbindungen zu anderen Logen in Spanien und Portugal.

Die wenigen hier genannten Beispiele mögen genügen, um zu zeigen, daß die Behauptung, es gebe keine wie auch immer geartete Struktur, welche die Freimaurer unter sich vereinige, nicht mit den Tatsachen in Übereinstimmung zu bringen ist. Der Hochgrad-Freimaurer Thory, dessen Werk ich bei der Aufstellung von Freimaurer-Literatur zum Thema der Ägyptischen Maurerei bereits nannte, ließ nicht umsonst wissen: »... die Egyptische Maurerei nahm für sich das Vorrecht in Anspruch, ohne Unterschied alle Zweige der Freimaurerei zu leiten« und daß jedem zum 90. Grad berufenen Bruder als eine der Aufgaben, an denen er teilnehmen könne —»wenn Du Dich dessen würdig zu machen weißt« — bei seiner Aufnahme genannt wurde: »die Leitung der Völker«. Die Aussage ist eindeutig und bedarf keiner weiteren Erklärungen.

Es bleibt als Zwischenresümee festzustellen, daß, auch wenn die Frage nach dem wahren Ursprung der Freimaurerei nicht genau beantwortet werden kann, die Grundgedanken der »diskreten Gesellschaft« überall in der Welt Fuß fassen konnten — wenn auch in verschiedenen »Auslegungen« und Erscheinungsformen. Es ist nicht Aufgabe dieses Buches, in weiteren Einzelheiten darüber zu berichten.

Obwohl die einzelnen Systeme und Logen nach außen hin oft ein Bild der Zerrissenheit zeigen, gibt es doch noch eine übergeordnete — wenn auch vehement bestrittene —Organisation, die über ihnen steht, wie freimaurerische Quellen selbst in mehr oder weniger direkter Form bestätigt haben. Diese Organisation wurde lange vor den öffentlich bekannten Gremien, die einer Einigung dienen sollten, installiert. Ein solcher Versuch wurde im Jahre 1913, fast genau ein Jahr vor Ausbruch des Ersten Weltkrieges und fast 200 Jahre nach der Gründung der Londoner Großloge, in aller Öffentlichkeit in Bern (Schweiz) vollzogen, wo der freimaurerische Weltbund gegründet wurde. Die zur selben Zeit tagende VI. freimaurerische Konferenz stellte in ihrer Einladung die neue Qualität der freimaurerischen Arbeit und Bestrebungen wie folgt fest:

»Im Laufe der letzten Jahre hat unser Ideal einer Verbindung zunächst der freimaurerischen Völker mehr und mehr die Herzen erobert. Wir betonen neuerdings unseren unbeugsamen Willen, die freimaurerische Weltkette, die bisher nur Sinnbild war, endlich in Wirklichkeit zu bilden. Eine ganze Legion von rührigen Agitatoren macht hierfür Stimmung.«

Bis heute wird die freimaurerische Weltkette von vielen freimaurerischen Autoren als unerreichbares Ziel definiert. Sie behaupten, sie sei nur symbolisch gemeint, ein fiktives Endziel sozusagen, dem man sich immer nur annähern, das man aber nie erreichen könne, während die Gegner der Freimaurerei vollkommen zu Recht unterstellen, sie habe den internationalen Zusammenschluß schon vor langer Zeit realisiert und würde seit dem Anfang des 19. Jahrhunderts nunmehr ihre »wahren, dunklen« Ziele zu realisieren versuchen. Die geneigte Leserschaft möge selbst entscheiden, ob solche Anwürfe gerechtfertigt sind oder nicht. Ich kann an dieser Stelle nur meine persönliche Überzeugung äußern: Unabhängig von den vorgelegten Sachargumenten ist die Freimaurerei trotz aller inneren Gegensätze eine *internationale* Vereinigung, denn die Freimaurer der ganzen Welt verfügen im großen und ganzen über eine einheitliche Werteauffassung und können sich anhand einer einheitlichen Symbolik und einheitlicher Erkennungszeichen gegenseitig identifizieren. Man kann auch sagen, sie verfügen über eine universelle Zeichensprache. Daß die Freimaurerei dunkle Ziele verfolgt, wobei dunkel hier im Sinne des Unterminierens bestehender traditioneller staatlicher und kirchlicher Systeme zu verstehen ist, kann meines Erachtens heute nicht mehr behauptet werden, zumindest nicht in pauschaler Form. Man würde damit dem ehrlichen Anliegen von vielen hunderttausend, wenn nicht gar Millionen Menschen Unrecht tun, die z. B. für karitative Zwecke tätig sind. Dennoch gilt in bezug auf die Freimaurerei, wie auf jede andere von Menschenhand geschaffene Form von Organisation, der Grundsatz: Ausnahmen bestätigen die Regel. Ich meine hiermit die Hochgrad-Freimaurerei bzw. deren höchste Exponenten, die in einer Vielzahl nachweisbarer Fälle – und das entgegen allen Grundsätzen des Ordens – nicht nur politisch sehr aktiv waren bzw. sind, sondern in den von ihnen ausgeübten Positionen mitunter Ziele verfolgten, die den Interessen der von ihnen vertretenen Völker massiv zuwiderliefen. Für mich – und nicht nur für mich – ist bis heute nicht nachvollziehbar, wie man als Vertreter des Hochgrad-Systems einerseits den humanitären Zielen der Freimaurerei huldigen kann, während man in seinen beruflichen oder politischen Entscheidungen im übertragenen oder direkten Sinne über Leichen geht, die in den meisten Fällen die von Unschuldigen sind. Würde die Freimaurerei im Ziel ihrer Bemühungen Konsequenz beweisen, müßte alles dafür getan werden, daß derartige »Brüder« schnellstens aus den Orden ausgeschlossen werden. Doch das geschieht nicht. Warum nicht?

Man darf bei dem von mir Gesagten natürlich nicht vergessen, daß es schwarze Schafe nicht nur auf Seiten der Maurerei gibt, sondern daß diese auch bei den Freimaurer-Gegnern anzutreffen sind und nur allzuoft mit unfairen Mitteln arbeiten und »Argumente« für ihre »Beweisketten« heranziehen, die gar keine sind. Eine *sachliche* Auseinandersetzung mit der Freimaurerei sollte meines

Erachtens unbedingt geführt werden, es kann aber nicht Sinn und Zweck der Beschäftigung mit dieser Thematik sein, einen Sündenbock für bestimmte politische oder wirtschaftliche Entwicklungen auf dem Erdenrund zu suchen, dem man alle mißliebigen Dinge in die Schuhe schieben kann. Bei genauer Betrachtung der Zustände auf diesem Planeten muß vielmehr klar werden, daß einige der erklärten Ziele der großen Gemeinde der Freimaurer bis heute nicht erreicht worden sind — was doch eigentlich der Fall sein sollte, wenn alle schon seit Jahrhunderten an einer »geheimen Verschwörung« arbeiten.

Ich will und kann, wie ich bereits zeigte, nicht ausschließen, daß sich hinter der Tätigkeit der Freimaurer-Logen, insbesondere bestimmter Hochgrade, auch unehrenhafte Ziele einzelner Personen oder Gruppen verbergen könnten, doch würde es sich in solchen Fällen eindeutig um Verrat an den eigenen Grundsätzen handeln, so daß die Betreffenden auszuschließen wären. Gewiß, in bestimmter Hinsicht stehen dem wiederum die »Alten Pflichten« entgegen, die selbst den Bruder, der Verfehlungen begeht, beschützen.

Was ich als Problem ansehe, und ich sagte das bereits deutlich, ist der hierarchische Aufbau der Freimaurerei mit ihren Graden, auf die gleich einzugehen sein wird. Ursprünglich entstanden sie als Gegenstück zu den vor dem Zeitalter der Aufklärung anzutreffenden Ständen des Adels, und die Freimaurerei wird nicht müde, sie nur als geistige Entwicklungsstufen anzusehen. Das ändert nichts an der Tatsache, daß es eine Hierarchie gibt, nämlich die des Wissens, in das man eingeweiht wird. Der Volksmund würde sagen: Wissen ist Macht (und nichts wissen, macht nichts).

Bevor ich auf die Grade der Freimaurerei zu sprechen

komme, möchte ich noch aufzeigen, daß auch Freimaurer-Gegner oft mit (sehr) unsauberen Mitteln gearbeitet haben. Ein Beispiel hierfür ist der sogenannte »Taxil-Schwindel«.

Leo Taxil war der Deckname des französischen Schriftstellers Gabriel J. Pagès (1854–1907). Dieser Gauner trat 1881, nachdem er von Jesuiten erzogen worden war, der Loge »Le Temple de l'Honneur française« bei, in der er sich als Antiklerikaler betätigte. Plötzlich aber »wandelte« er sich, kehrte reumütig in den Schoß der Kirche zurück und begann dann, in einer ganzen Flut von Publikationen die Freimaurerei auf das Schärfste anzugreifen. Das Hauptproblem an dieser Schriften aber war, daß ihr Verfasser, der darin eine Unmenge frech erfundener Behauptungen über angebliche Teufelszeremonien der Brüder aufstellte, diese in raffinierter Art und Weise mit anderem, teils sogar wertvollem Material vermischte. Die katholische Geistlichkeit, vom Papst angefangen, fiel auf diesen Schwindel herein. Man berief sogar 1896 eigens ein Antifreimaurer-Konzil nach Trient und debattierte tagelang über Taxils – erfundenen – Freimaurerteufel namens Bitru sowie über die Teufelsbraut Miß Diana Baugham.

Natürlich ging der Krug solange zum Brunnen, bis er zerbrach. 1897 platzte die Bombe. Am 19. April lud Taxil wieder einmal zu einer großen Kundgebung ein. Als alle Anwesenden, gespannt wartend auf die neuen Enthüllungen, beisammen saßen, meinte Taxil lachend, daß weder die Teufelsbraut noch irgendeine andere seiner satanischen Erscheinungen jemals existiert hätte, und daß seine Schriften restloser Schwindel gewesen seien. Die Folge war, wie man sich denken kann, ein Riesenskandal!

Der Klerus war wie vom Donner gerührt. Zwölf Jahre lang (!) hatte man sich von einem Gauner an der Nase herumführen lassen! Taxil, der erst mit seinem Antifreimaurer-Schwindel hervorragend verdient hatte, zog nun durch das Land, verulkte die Geistlichkeit und deren Leichtgläubigkeit und machte dabei erneut glänzende Geschäfte. Und jeder, der jetzt ein Wort gegen die Freimaurer im Munde führte, konnte sicher sein, sofort schallendes Gelächter als Verbreiter von Taxilschen Lügengeschichten zu ernten. Selbst die besten Argumente gegen

Aus der Zeit des »Taxilschwindels«: In einer Loge erscheinender Teufel Asmodäus (antimaurerisches Phantasiebild).

die Freimaurerei wurden kaum mehr gehört. Freilich gab es auch Stimmen, die meinten, Taxils Schwindel sei von den Freimaurern zu ihrem eigenen Nutzen ersonnen worden, womit sich die Argumentation letztlich im Kreise drehte, der Wahrheitsfindung aber kaum genutzt wurde.

Kapitel 3

Die Rituale und Zeichen der Freimaurer

Grade
Loge
Aufnahme
Beförderung
Zeichen und Symbolik

Ich versprach im vorangegangen Kapitel die nähere Betrachtung des freimaurerischen Grad-Systems. Dieses ist wesentlicher Bestandteil des Gesamtrituals und der -symbolik der Freimaurerei, und bevor ich darauf zu sprechen komme, muß ich einige allgemeine Betrachtungen voranstellen.

Über die freimaurerische Symbolik und die Rituale sind Bände geschrieben worden, und oft muß man feststellen, daß sich die Darstellungen, trotz einheitlicher Ziele der Freimaurerei, nicht unbedingt gleichen. Der eine Autor zitiert moderne Quellen, der andere die alten, ursprünglichen, die meist auch die besseren sind. Zudem gibt es Abweichungen, weil der eine z. B. deutsche Logengepflogenheiten betrachtet, der andere sich aber auf die englischen oder französischen spezialisiert hat. Zudem ist vieles, was die Symbolik und die Rituale der Freimaurerei angeht, in den letzten Jahrhunderten oft ganz verschieden bewertet worden, je nachdem, ob sich Befürworter oder Gegner mit dem Thema befaßten. Zugegebermaßen ist es vor allem für Nichteingeweihte schwer, wenn nicht gar unmöglich, den Sinn von Graden, Symbolen, Erkennungszeichen und Aufnahme- bzw. Beförderungsritualen zu begreifen. Die einen sehen hinter dem ganzen unverständliche und nichtssagende Formeln, während die anderen die Symbole als geheimbündlerische Verschwörungszeichen interpretieren und sich dabei in ihren Deutungen gegenseitig zu übertreffen versuchen. Wieder andere zerbrechen sich den Kopf, was die Zeichen noch bedeuten können, weil ihnen die freimaurerischen Deutungen allein nicht ausreichen, sie wollen es um jeden Preis besser wissen. Aus all diesen Gründen ist es schwierig, mit gutem Gewissen überhaupt Deutungen vorstellen zu wollen, weil man sich sicher sein kann, daß im Nachhinein Kritik aus allen Ecken so gut wie vorgezeichnet ist. Daher betone ich, wie ich es schon am Anfang meines Buches tat, daß ich hier nur einen *Ausschnitt* präsentieren kann, denn wollte man die Freimaurerei mit ihrer Geschichte, Tradition, Ritualen und Symbolik nur einigermaßen vollständig beschreiben, wäre dies eine Aufgabe für eine Gruppe von Leuten, die nicht nur die gesamte vorliegende Literatur einer Gesamtschau unterziehen müßte, sondern dann noch das Kunststück fertigzubringen hätte, aus der ungeheuren Zahl von Informationen eine alle Bereiche abdeckende, einigermaßen vollständige Schrift zu verfassen. In den Anfängen der modernen Freimaurer ist so etwas von Einzelpersonen möglicherweise noch zu leisten gewesen, doch nach mehr als 250 Jahren neuzeitlicher Maurerei halte ich so etwas für völlig ausgeschlossen.

Lassen wir zu Beginn unserer Betrachtungen erst einmal einen freimaurerischen Schriftsteller zu Wort kommen, um zu erfahren, was aus der Sicht des Bundes mit der Symbolik gemeint ist. Eugen Lennhoff schrieb dazu in seinem Buch »Die Freimaurer« (Wien, 1932):

»Die die freimaurerische Symbolik nicht zu enträtseln vermögen, werden nie den Sinn des Satzes ergründen: es gibt nur ein Geheimnis der Freimaurerei: die Einweihung, und es gibt nur eine Einweihung: sich in der geistigen Bruderkette zu fühlen. Wem dieses Mysterium sich enthüllt hat, der besitzt das freimaurerische Geheimnis; er versteht die — unzählige Menschen über Raum und Zeit hinweg verbindende — Sprache der Freimaurerei, die in der Symbolik ihr innerstes Wesen ebenso entfaltet wie die Kirche in ihrer Dogmatik. Er begreift, daß es gerade das Eigene der Freimaurerei ist, Symbolbund zu sein, und er wird in den Sinnbildern, die im wesentlichen in allen Freimaurereien der Welt dieselben sind, die Kraft zu dem

geistigen Bauen finden, das des Freimaurers Tat sein soll. Das Symbol weiß ihm die freimaurerischen Ideen viel deutlicher zu machen, viel näher zu bringen als jede in Worten ausgedrückte Lehre. Denn es verwendet sinnfällige Bilder statt der sprachlichen Abstraktionen und ist so bei aller Schlichtheit anschaulicher und einprägsamer. Seiner Natur nach ist es ganz unabhängig vom sprachlichen Gewande, daher wahrhaft übernational. Hammer, Zirkel, Winkelmaß sind nicht nur leichter aufzufassen als gelehrte Auseinandersetzungen über die Begriffe Arbeit, Pflicht, Rechtlichkeit, die sie symbolisieren, sondern haften als starke sinnliche Bilder auch fester im Gedächtnis und sind den Freimaurern aller Rassen und Nationen, unabhängig von allen Idiomen, in gleicher Weise verständlich. Die Freimaurerei bringt es durch ihre Symbolik zustande, zu den Wahrheitssuchern der verschiedensten Länder in einer Sprache zu reden und ihnen ein inneres Erlebnis zu vermitteln, ein ›Geheimnis‹, das sich niemals anders aussprechen läßt als im Bilde.

Auch dessen Unveränderlichkeit bedeutet einen großen Vorzug des Symbols gegenüber der sprachlichen Festlegung von Geboten. Einmal wird so der gemeinsame Grundgedanke für alle Zeiten festgelegt, ein Abgehen von dem ursprünglichen Wollen nach Möglichkeit verhütet, andererseits aber bewahrt die Freiheit, bei allem Festhalten am Allgemeingültigen doch nach Geistes- und Gemütseinstellung zu nuancieren, die freimaurerische Lehre vor der bei der Einkleidung in Worte immer bestehenden Gefahr des dogmatischen Erstarrens. Und so erleben in den Symbolhandlungen des freimauerischen Rituals Männer in gleicher Intensität die diesen zugrunde liegenden sittlichen Vorbilder, wie vor hundert und hundertfünfzig Jahren ihre Vorläufer im Bunde. Und ein letztes: Selbst bei sonst ganz aufs Exakte und Reale eingestellten Menschen wurzelt tief die Neigung zum Kult. Diesem Bedürfnis kommt das Symbolsystem der Freimaurerei in weitestem Maße entgegen.«

Lennhoffs Feststellungen ist nichts hinzuzufügen, sie sind wohl formuliert worden. Das Symbolhafte in der Freimaurerei bietet die Gewähr dafür, daß sich Menschen unterschiedlicher Herkunft sofort als Mitglieder eines Bundes erkennen können, wobei die Grundvoraussetzung natürlich die Einweihung ist.

Man sollte nun meinen, daß es daher unmöglich ist, an den Symbolen, aber auch an den Ritualen der Freimaurerei herumzudeuten. Doch genau das ist immer wieder geschehen – und hält bis heute an. Insbesondere die Rituale, die direkt mit dem Gradsystem verbunden sind, werden von den Gegnern der Maurerei immer wieder nach Gutdünken ausgelegt und so als Hinweise für »andere Geheimnisse« der »geschlossenen Gesellschaft« angesehen. Auf diesem Gebiet wird sehr viel spekuliert, doch leider – und hier muß etwas Wasser in den Wein gegossen werden – gibt es auch Aspekte, die nicht diskutiert werden müssen, sondern in Widerspruch zu dem stehen, was die Freimaurerei vorgibt sein zu wollen. Das betrifft wiederum die sogenannten Hochgrade der Maurerei, womit wir beim Thema wären: Welche Grade gibt es, und welche Bedeutung haben sie?

Daß es in der Freimaurerei die sogenannten Grade gibt, ist allgemein bekannt. Es handelt sich dabei um Stufen der Mitgliedschaft, besser um Stufen der Einweihung. Mehrere Grade sind immer zu Gruppen zusammengefaßt (insbesondere bei der Hochgrad-Freimauerei), die wiederum besondere Namensbezeichnungen tragen. Die

Großloge von England und ihre Tochterlogen haben zuerst nur drei Grade gehabt. Diese drei untersten Grade werden in allen Logen der Welt als Johannis-Maurerei oder auch blaue Maurerei bezeichnet. Es gibt innerhalb dieses Systems drei Titel: den Lehrling, den Gesellen und den Meister, was an den direkten Bezug zu den mittelalterlichen Bauhütten denken läßt. Diese Johannis-Freimaurerei kann als die ursprüngliche Maurerei angesehen werden. Später entwickelte sich, wie schon gezeigt, darüber die Hochgrad-Freimaurerei, wobei es hierbei teils erhebliche Unterschiede gab. Nicht in allen Ländern bildete sich diese heraus. Und dort, wo sie sich entwickelte, entstanden oft verschiedene Systeme, in denen neben allgemeinen Riten und Lehren auch spezielle besonders betont wurden. Darüber hinaus darf nicht vergessen werden, daß es innerhalb der Freimaurerei seit Beginn des 18. Jahrhunderts eine nicht unerhebliche Zahl von Veränderungen gab, die insbesondere durch Absplitterungen verursacht wurden und zur Entstehung neuer oder zur Reformation alter, bestehender Systeme führten. Genaugenommen stellt sich die Freimaurerei also als ein vielfältiges Gemisch verschiedener Systeme dar, die man schon allein aus Platzgründen unmöglich alle in diesem Buch abhandeln kann, ganz abgesehen davon, daß selbst der aufmerksamste und verständnisvollste Leser irgendwann überfordert wäre. Das Ergebnis dieses Entwicklungsprozesses waren folgende wichtige Systeme:

1) Das sogenannte altenglische System, das durch folgende Unterarten gekennzeichnet ist:

- Schrödersches System
- Feßlersches System
- neutrales System

2) Das neuenglische System. (Die Bezeichnung ist et-

was verwirrend, weil es in Wirklichkeit älter ist als das altenglische System.). Aus ihm leitet sich das eklektische System ab.

3) Der York-Ritus oder das amerikanische System. Es stellt eine Vermengung von neu- und altenglischem System dar. Aus ihm entstanden:
- das Ritual der Großloge von England
- das Ritual der Großloge von Schottland
- das Ritual der Großloge von New York
- das Ritual der Großloge von Irland
- das Ritual der Großloge von Kuba

4) Das System mit 33 Graden, genannt Alter und Angenommener schottischer Ritus. Auch dieser wurde im Laufe der Zeit verändert. Aus ihm entwickelten sich:
- die strikte Observanz
- das schwedische System
- das französische System
- die holländische Lehrweise
- das sogenannte rektifizierte schottische System

5) Der Misraïm-Ritus (auch Mizraim-Ritus genannt)

6) Der Memphis-Ritus

Bei den Punkten 5) und 6) handelt es sich um Systeme, die besonders okkultisch-magische Rituale verwenden, die u. a. aus der »Ägyptischen Maurerei« stammen und ursprünglich 90 (95) bzw. 97 Grade besaßen bzw. immer noch besitzen (die Angaben hierzu sind unterschiedlich).

Die ganze Auflistung unterschiedlicher Systeme soll nicht dazu führen, zu glauben, daß es unüberbrückbare Unterschiede zwischen ihnen gebe. Wie schon die Väter der modernen Freimaurerei feststellten, gibt es nur *eine Freimaurerei*, die sich allerdings, wie unschwer zu erkennen ist, vielgestaltig äußert. Daß es Logen mit Hochgraden gibt, war manchen Freimaurer-Vereinigungen lange Zeit unbekannt bzw. nach dem Bekanntwerden peinlich, denn sie mußten somit offen zugeben, daß sie über bestimmte Dinge, sprich Einweihungsstufen, nichts wußten. Dieser Umstand ist von den Gegnern der Freimaurerei beinahe leidenschaftlich ausgenutzt worden. Aus diesem Grund hat es auch nicht an Versuchen seitens einzelner Logen gemangelt, sich von anderen Systemen zu distanzieren. Als insbesondere deutsche Logen in der Zeit nach dem Ersten Weltkrieg bis zum Machtantritt der Nationalsozialisten heftig angegriffen wurden, indem man behauptete, sie gehörten zu einer internationalen Verschwörung, wehrte man sich seitens der Angegriffenen und stellte klar, daß man mit dem Unsinn der Hochgrade und einem Obersten Rat, wie beides beim schottischen Ritus üblich sei, nicht das geringste zu tun habe. So etwas habe es in der 200jährigen Geschichte deutscher Logen nie gegeben, so daß man damit auch nicht in Verbindung gebracht werden könne.

Die Existenz der Hochgrad-Freimaurerei hat der Johannis-Maurerei sehr geschadet, die über drei, höchstens vier Grade verfügt. Viele Jahre lang versuchten freimaurerische Autoren darzulegen, daß es »allerhöchstens« vier Grade in der gesamten Maurerei gebe, wobei dann nach und nach auch mal von fünf oder sieben die Rede war, man sich also immer mal wieder revidieren mußte. Letztlich zeigten die Gegner der Freimaurerei auf, daß auch solche Behauptungen nicht stimmten, die Brüder, die solches behaupteten, also zumindest uninformiert waren.

Schnell wurde schließlich bekannt, daß es viel mehr Grade gab — 25 oder gar 33. Die Freimaurer, die mit dem Hochgrad-System nicht vertraut waren, mußten erkennen, daß alles Leugnen nicht half und daß es da scheinbar

Dinge gab, in die man nicht eingeweiht war. Man versuchte abschließend, das Vorhandensein von höheren Graden als etwas »Ungesetzliches« darzustellen. Doch auch damit hatte man nur begrenzten Erfolg, wenngleich auch in manchen Lexika, wie »Meyers Großem Konversationslexikon« von 1905, folgendes zu lesen ist:

»Das hohe Alter der schottischen Logen, der poetische Reiz, der die alten Abteien von Kilwinning, Aberdeen u. a. umgab, und andere Umstände wurden in der Folge von maurerischen Schwindlern und Abenteurern benutzt, um neue Grade, Legenden und Systeme einzuschwärzen, die man die schottischen nannte. Im Gegensatz zur englischen Maurerei, und da die Großloge von Schottland am 30. November (am Tag des heil. Andreas) eingesetzt wurde, wählte man für die sogenannten höheren Grade und ihr angebliches Mysterium den heil. Andreas zum Schutzpatron und nannte die Logen Andreas-Logen. In England bildete sich unter L. Dermott um 1752 aus unregelmäßig aufgenommenen Maurern, meist ungebildeten Irländern und gestrichenen Logen, eine maurerische Sekte, die den Namen ›Alte oder York-Maurerei‹ annahm und einen höheren Grad, den ›Royal Arch‹ (vom königlichen Gewölbe) einführte.«

Interessant ist, daß, trotz der ursprünglichen Ableugnung und späteren Abschwächung der Existenz von höheren Graden innerhalb der Freimaurerei, diese letztlich doch zugegeben werden mußten, auch wenn man hierbei wiederum versuchte, das Ganze als das Werk von Schwindlern und ausgestoßenen Maurern erscheinen zu lassen. Diese Vorgehensweise erinnert an die heute hin und wieder zu beobachtende Methode mancher Politiker, von ihnen begangene Vergehen zu vertuschen: Zuerst werden alle Vorwürfe abgestritten, danach wird behauptet, es sei alles gar nicht so schlimm, bis dann zum Schluß doch die ungeschminkte Wahrheit ans Licht kommt. Natürlich ist das Ganze kein Zeichen von Offenheit, aber in der heutigen Zeit wundert das niemanden mehr. Daß aber die Freimaurerei nach demselben Prinzip die Wahrheit durchsikkern ließ, gibt schon zu denken.

Was die Hochgrad-Freimaurerei selbst anbetrifft, so wurde diese beispielsweise in Schweden im Jahre 1756 begründet. Zehn Jahre später gelangte diese schwedische Maurerei mit ihrem System nach Deutschland. Sie hat offiziell neun Grade, in Wirklichkeit zwölf. Es gibt einen Zusammenhang mit anderen Hochgrad-Freimaurereien, z. B. schottischen und französischen. Die Maurer, die sich auf die Templer bzw. die Rosenkreuzer zurückführen, haben 25, manche auch 33 Grade, der Ritus von Memphis wies ursprünglich sogar 97 auf. Diese Zahl der Einweihungsstufen hatte allerdings keinen Bestand: Um durch den französischen Groß-Orient anerkannt zu werden, mußte die Zahl der Grade auf 33 beschränkt werden.

Die Johannis-Logen, die Andreas-Logen und die Hochgrad-Logen bilden eine Einheit, auch wenn es, wie ich bereits betonte, zwischen ihnen mitunter Auseinandersetzungen gab und gibt. Darüber darf auch nicht die Verwendung unterschiedlicher Eide (Gelöbnisse), Gradsysteme und Rituale hinwegtäuschen, auch wenn diese selbst innerhalb der Freimaurerei immer wieder zu Kritik Anlaß gegeben haben.

Johann Wolfgang von Goethe, selbst Freimaurer, drückte in seinem vergessenen Werk »Der Groß-Kophta«, in dem er sich gegen Cagliostro, den ägyptischen (koptischen) Maurer, wandte, beispielsweise das Entsetzen des Neophyten bei der Aufnahme in einen höheren Grad einer bestimmten Richtung der Freimaurerei aus, als dieser erfuhr, daß in diesem das gerade Gegenteil wie im vorhergehenden gelehrt wurde. Goethe sah das wohl als etwas Unglaubliches an.

Der Neophyt, ein Ritter, soll in den zweiten Grad aufgenommen werden. Der Graf Nostro (= Cagliostro) fragt ihn nach seinen Erwartungen:

»*Graf: Wie nennt man die Männer des zweiten Grades?*

Ritter: Gehilfen.

Graf: Warum möchten sie diesen Namen tragen?

Ritter: Wahrscheinlich, weil sie der Meister aufgeklärt und tätig genug findet, zu seinen Absichten mitzuwirken und seine Zwecke zu erfüllen.

Graf: Was denkst du von den Endzwecken dieses Grades?

Ritter: Ich kann mir nichts anderes denken, als daß wir nun erst ausüben sollen, was uns der erste Grad gelehrt hat. Dem Schüler zeigt man von weitem, was zu tun ist; dem Gehilfen gibt man die Mittel an die Hand, wie er das Ziel erreichen könnte.

Graf: Was ist das Ziel, das man den Schülern vorsteckt?

Ritter: Das eigene Beste in dem Besten der anderen zu suchen.

Graf: Was erwartet nun der antretende Gehilfe?

Ritter: Daß ihm der Meister die Mittel anzeigen soll, das allgemeine Beste zu befördern.«

Mit dieser Neophypten-Erwartung sieht der als edler Jüngling bezeichnete Ritter den Eröffnungen entgegen, aber im Verlauf der Szene erfährt er aus dem Munde des in diesen Grad schon eingeweihten Domherren das gerade Gegenteil von dem, was er erwartet:

»*Domherr: Sage mir den Wahlspruch des ersten Grades!*

Ritter: Was du willst, das die Menschen für dich tun sollen, das tue für sie.

Domherr: Vernimm dagegen den Wahlspruch des zweiten Grades: Was du willst, das die Menschen für dich tun sollen, das tue für sie nicht.

Ritter (aufspringend): Nicht? Hat man mich zum Besten? – Darf ein vernünftiger, ein edler Mensch so reden?

Domherr: Beruhigen Sie sich! Sie werden schon über sich selbst lachen und uns das Lächeln verzeihen, das Sie in diesem Augenblick verdrießt. Aus dem Felde der jugendlichen Schwärmerei, worin der Meister seine Schüler gängelt, glaubt man über eine goldene Brücke in eine reizende Feenwelt hinübergeführt zu werden. Uns freilich ist es unerwartet, wenn man unsanft in die wirkliche Welt wieder zurückgebracht wird, aus der man sich zu entfernen glaubte.

Ritter: Meine Herren, Sie erlauben, daß ich gehe, daß ich mich von meinem Staunen erhole.

Domherr: Gehen Sie nur, gehen Sie nur und sehen Sie sich in der Welt, sehen Sie sich in ihrem Herzen um! Bedauern Sie meinetwegen die Toren; aber ziehen Sie Vorteil aus der Torheit! Sehen Sie, wie jeder vom anderen so viel als möglich zu nehmen sucht, um ihm so wenig als möglich zurückzugeben. Jeder mag lieber befehlen, als dienen, lieber sich tragen lassen, als tragen. Jeder fordert reichlich Achtung und Ehre und gibt sie so spärlich als möglich zurück. Alle Menschen sind Egoisten; nur ein Schüler, nur ein Tor kann sie ändern wollen. Nur wer sich selbst kennt, wird leugnen, daß es in seinem Herzen ebenso bestellt sei.

Ritter: Wohin bin ich geraten?

Domherr: Diesen Lauf der Welt wird Ihnen der Meister im zweiten Grad ganz enthüllen. Er wird Ihnen zeigen, daß man von den Menschen nichts verlangen kann, ohne sie zum Besten zu haben und ihrem Eigensinne zu schmeicheln; daß man sich unversöhnliche Feinde macht, wenn man die Albernen aufklären, die Nachtwandler aufwekken und die Verirrten zurechtweisen will; daß alle vorzüglichen Menschen nur Marktschreier waren und sind — klug genug, ihr Ansehen und ihr Einkommen auf die Gebrechen der Menschheit zu gründen.

Ritter: Abscheulich! Abscheulich!«

Den zu einer solchen Reaktion provozierten Mann weiß der »Graf«, der Groß-Kophta, schnurstracks wieder für sich zu gewinnen, indem er ihm in einer darauffolgenden Unterredung das Ganze als »Prüfung« erklärt, die er bestanden habe:

»Alles, was du aus dem Munde des Domherrn gehört hast, was leider dieser Unglückliche nebst mehreren anderen für Wahrheit hält, ist nur Prüfung, nur Verfluchung. Wenn die erhabenen, großen, uneigennützigen Meister einen Lehrling, der sich gut anläßt, weiter vorwärts führen wollen, so versuchen sie ihn erst, und am sichersten geschieht es, wenn sie ihm die scheinbaren Vorteile eines eigennützigen Betragens vorlegen. Greift er danach, so tut er einen Schritt zurück, indem er glaubt, einen vorwärts zu tun. Wir lassen ihn lange Zeit in seinem Sinne hingehen, und glücklich ist er, wenn wir ihn nach und nach durch große Umwege zum Licht führen.«

Man mag diese Erklärung im Sinne der Freimaurerei, den Lehrling auf die Probe zu stellen, akzeptieren. Die Gegner der Freimaurerei vertreten jedoch die Auffassung, daß sich in solchen verwirrenden Vorgängen die Bestätigung dafür finden läßt, daß man den Prüfling eher verunsichern will, um ihn zu einem gefügigen Werkzeug der Oberen werden zu lassen. Der Groß-Kophta selbst bekennt in einem auf diese Szene folgenden Selbstgespräch ganz offen seine Methode:

»So wäre denn auch dieser nach seiner Art zur Ordnung gewesen. Man muß die Angeln, die Netze nach Proportion der Fische einrichten, die man zu fangen gedenkt, und wenn es ein Walfisch ist, wirft man mit Harpunen nach ihm. Den Mäusen stellt man Fallen, Füchsen legt man Eisen, Wölfen gräbt man Gruben, und die Löwen verscheucht man mit Fackeln. Diesen jungen Löwen habe ich auch mit einer Fackel zur Ruhe gebracht.«

Angesichts derartiger Bemerkungen Goethes, der – ich muß es nochmals betonen – selbst Freimaurer war, in seinem Werk »Der Groß-Kophta«, nimmt es nicht Wunder, daß allgemein behauptet wird, es sei nicht sonderlich gelungen und seiner eher unwürdig. Ist der wahre Grund, warum es in den Biographien, die über Goethes Leben und Wirken verfaßt worden sind, oftmals fehlt, vielleicht ein ganz anderer? Gewährte Goethe zu intime Einblicke in die Freimaurerei und insbesondere in das Wesen des Grad-Systems? Wahrscheinlich ja, denn selbst die freimaurerische Zeitschrift »Latomia« (Jahrgang 1869, S. 22) stellte unmißverständlich fest:

»Langsam aber stetig drückte man die Johannes-Logen abwärts, damit sie nur als Schemel für die Hochgrade dienen.«

Diesen Satz sollten sich die Freimaurer der Johannis-Logen gut merken, wenn sie wissen wollen, was die Grade für sie bedeuten. Er ist keine Erfindung von mir, sondern entstammt einer freimaurerischen Quelle!

Bei der Behandlung der einzelnen Grade muß eingangs darauf hingewiesen werden, daß es unmöglich ist, alle zu erläutern. Schon frühere Autoren schätzten, daß es mindestens 800 verschiedene gebe. Da jedoch das Grundprinzip im wesentlichen überall dasselbe ist, genügt wohl eine Betrachtung der hauptsächlichsten Systeme, die da sind: Johannis-Maurerei, Andreas-Maurerei und Hochgrad-Maurerei.

Die Johannis-Maurerei ist die ursprüngliche, klassische Maurerei, die allgemein bekannt ist. An sie denkt man als erstes, wenn man von Freimaurerei spricht. Sie wird auch die »blaue« Maurerei genannt, nach der Farbe der in ihr verwandten Verzierungen und Bekleidungen. Benannt wurde sie nach Johannes dem Täufer, der ihr Schutzpatron ist. Sie besitzt in der Regel nur drei Grade und will ehrlich den offiziellen Zwecken der Freimaurerei dienen. Ihre Mitglieder sind daher meist ungehalten über jeden, der etwas mehr zu wissen behauptet, denn sie selber wissen nach eigener Meinung über Zielsetzungen und Methoden ihrer Bewegung genauestens Bescheid.

Nur in der Johannes-Maurerei ist es möglich, einen Austritt zu beantragen.

Der erste Grad der Johannis-Maurerei heißt Lehrling. Der Neuaufgenommene weiß noch gar nichts, er ist in jeder Hinsicht Neuling. Nach der Aufnahme, die mittels eines speziellen Rituals erfolgt, auf das noch einzugehen sein wird, erhält er eine Urkunde. Schon der Lehrling soll innerhalb der Loge an der Arbeit der anderen Grade gleichberechtigt teilnehmen. Die Überlieferung schreibt vor, daß ein Lehrling in jeder Loge als Bruder genauso geehrt werden muß wie ein älteres Mitglied. Er wird in die maurerischen Weisheiten insoweit eingeführt, als es für seinen Grad sinnvoll und vorgesehen ist. Einen Teppich, anhand dessen der Lehrling seinen Unterricht erhält, zeigt die auf der nächsten Seite dargestellte Abbildung. Unten erkennt man das schwarzweiße Pflaster, das im Zusammenhang mit den Templern steht, in der Mitte die Vorhalle des Tempels, zu dem der Lehrling noch keinen Zutritt hat, flankiert von den beiden Säulen Jachin und Boas. In der Mitte oben sieht man den Grundriß des Salomonischen Tempels, links befindet sich der unbehauene Stein (der den Lehrling symbolisieren soll), rechts der behauene, darunter die Maurerwerkzeuge: Hammer, Zollstab, Kelle, Zirkel, Winkelmaß, Lotblei, Bleiwaage. Oben links sind drei kleine Lichter zu erkennen. Es handelt sich dabei um Sonne, Mond und Sterne. Rechts ist der flammende Stern dargestellt – das Pentagramm mit der Spitze nach oben. In dem im Original blauweißen Saum sind die Himmelsrichtungen eingewebt, die anderen Farben sind hellbraun auf rotlila Untergrund. Im ersten Grad muß der Lehrling über einen Zeitraum von ein bis zwei Jahren verweilen. Ausnahmen für besonders Fähige oder solche aus besonderen Umständen sind aber zugelassen. Der für würdig befundene Lehrling wird danach in den zweiten Grad erhoben.

Der zweite Grad heißt Geselle, im Französischen Compagnon, im Englischen Fellow-Craft Mason und, was nicht uninteressant ist, im Russischen Towarisch. Letztere Bezeichnung wurde nach der bolschewistischen Revolution 1918 in Rußland allgemein üblich. In der Umgangssprache wurde so jeder als »Genosse« angesprochen, was bis zur Perestroika Ende der 1980er Jahre auch beibehalten wurde. Der Lehrling muß eine Prüfung über seine Kenntnisse ablegen und erhält als Geselle die Symbole bei der Neueinweihung eingehender und in etwas veränderter Form erklärt. Zum Schluß des Rituals wird ihm wie-

Der Lehrlings-Teppich der Johannis-Loge.

derum eine Urkunde überreicht. Im zweiten Grad verbleibt der Geselle in der Regel wieder mindestens ein Jahr, auch hier sind aber Ausnahmen zugelassen.

Der dritte Grad ist der des Meisters. Mit ihm schließt die Johannis-Maurerei und mit ihm schließen auch die Kenntnisse der meisten, die über Freimaurer-Logen mitzureden sich in der Lage fühlen. Bei genauer Betrachtung bleibt festzustellen, daß auch der Meister nicht viel mehr weiß als der Geselle. Es erfolgt hierbei nur eine noch kompliziertere Einweihung und eine noch eingehendere Erklärung der Symbole der Freimaurerei. Der neue Meister erhält abschließend ebenfalls eine Urkunde. Trotzdem der so in den Meistergrad Erhobene nur einen unbedeutenden Wissenszuwachs erhalten hat, meint er nach dieser Prozedur wichtig und wissend zu sein.

Johannis-Meister-Loge für den dritten Grad (aus der Loge »Totenkopf und Phönix«, Orient Königsberg/Preußen).

Ein indischer Stuhlmeister.

Das höchste, was ein Johannes-Maurer außer dem dritten Grad in seiner Loge erreichen kann, ist die Stellung eines Meisters vom Stuhle, ein Rang, der in früheren Zeiten als vierter Grad galt. Die Position kann man nur dann erreichen, wenn in der Loge kein Maurer höheren Grades vorhanden ist, was genaugenommen einen Widerspruch in sich darstellt, wenn man davon ausgeht, daß die Johannis-Maurerei nur drei Grade ihr eigen nennt und der Meister der letzte mögliche Einweihungsgrad ist. (Somit scheint es doch einen Zusammenhang zwischen der Johannis-Maurerei und den Hochgraden zu geben.) Um nun Meister vom Stuhle zu werden, muß der Betreffende den Orden, seine Geheimnisse, seine Lehren, Geschichte und Verfassung genauestens kennen, und es verstehen, mit den ihm bekannten Informationen im Sinne der Freimaurerei verantwortlich umzugehen. Nach den Statuten wird man Meister vom Stuhle durch Wahl, während die Gegnerschaft behauptet, daß das in Wirklichkeit durch Bestimmung eines unbekannten Oberen geschehe.

Auf der Basis der Johannis-Maurerei baut sich die Andreas-Maurerei auf, die zweite Stufe der Freimaurer-Pyramide. Sie leitet ihren Namen vom heiligen Andreas ab, dem Schutzheiligen der schottischen Logen, und wird auch die »rote« genannt. Man muß jedoch wissen, daß nur bei den sogenannten Alt-Schotten die Farbe der Verzierungen und Bekleidungen rot ist, womit die Befreiung des Lichts von der Finsternis symbolisiert werden soll. Bei den Jung-Schotten wird das Grün verwendet, das das Vertrauen auf Gott aufzeigen soll. Die Andreas-Maurerei besitzt elf Grade.

Zwischen der Johannis-Maurerei und der eigentlichen Hochgrad-Maurerei steht das so bezeichnete »Schwedische System«, das ebenso die Johannis- wie die Andreas-Grade umfaßt. Die Schwedische Maurerei führt ihre Wurzeln auf König Salomo zurück und nennt ihren Großmeister daher »Stellvertreter Salomos«. Darum gehört auch

Die Krone König Salomos.

die Krone König Salomos zum wesentlichen Bestandteil des Rituals der Andreas-Grade des Schwedischen Systems. Auf dem nebenstehenden Bild kann man an den drei Bogen die drei kleinen Lichter des Maurers gut erkennen: Sonne, Mond und Sterne. Das Pentagramm befindet sich auf der Rückseite und ist demzufolge nur von hinten zu erkennen. Des weiteren befindet sich auf der Krone das Templer-Kreuz und auf den Zacken der hebräische Gottesname Jehova. Der wirkliche Leiter des Ordens ist aber den Mitgliedern nicht bekannt, nur der »Stellvertreter Salomos« und der Ordensrat kennen ihn. Daher heißt dieses System auch das »System des unbekannten Oberen«.

Das Schwedische System setzt sich aus drei Stufen zusammen: Die erste Stufe bilden die arbeitenden Johannis-Logen mit den bereits besprochenen drei Graden. Die zweite Stufe sind die leuchtenden Andreas- oder Schotten-Logen. Hier heißt der vierte Grad Andreas-Lehrling, der fünfte Andreas-Geselle, der sechste Andreas-Meister. Es muß allerdings darauf hingewiesen werden, daß in der eigentlichen Schotten-Maurerei andere Bezeichnungen für die Grade verwandt werden. Die dritte Stufe bilden die sogenannten »erleuchteten und wirklichen Stewards-Logen«. Diese zeichnen sich durch vier Grade aus, die sich an den sechsten Grad, den Andreas-Meister, anschließen. Der siebente heißt der hocherleuchtete Stewards-Bruder, der achte der höchsterleuchtete Salomons-Vertraute, der neunte der erleuchtete Vertraute der St.-Johannis-Loge, der zehnte der hocherleuchtete Vertraute der St.-Andreas-Loge, Ritter des Purpurbandes. Dieser zehnte Grad wird auch noch als »Purpurgrad des Magister Templi« bezeichnet. In diesem Grad wird als Reliquie der rechte Zeigefinger Johannes des Täufers verwahrt, den der Templergroßmeister Jakob de Molay testamentarisch dem Templer Beaujeau vermacht haben soll. Der höchste Grad des Schwedischen Systems ist der elfte Grad, der den Titel trägt: »Höchsterleuchteter Kommandeur mit dem roten Kreuz« oder aber auch »Vicarius Salomonis«. Doch, wie gesagt, nicht der steht an der Spitze, sondern laut den Darstellungen ein unbekannter Oberer.

Eines der seltsamsten Objekte innerhalb der Andreas-Maurerei ist die sogenannte »Schweigende Figur«, womit eine Statue bezeichnet wird, die eigentlich die ägyptische Gottheit Harpokrates darstellt. Sie trägt über einem ägyp-

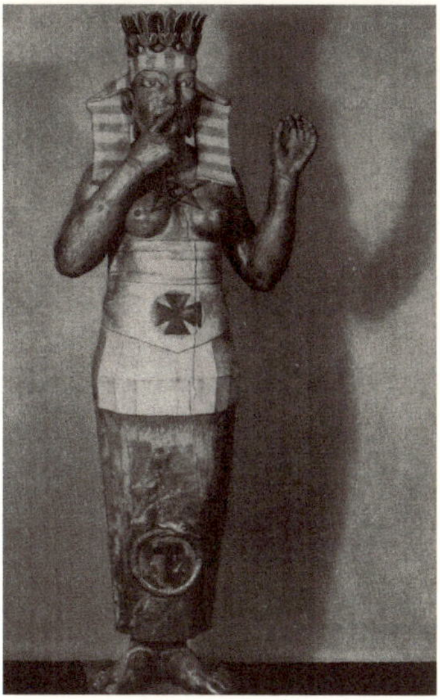

Die schweigende Figur.

tischen Kopfschmuck die indische Flamme, deren sieben Strahlen die sieben Organe des Seelenleibes darstellen sollen, auf der Brust das Pentagramm mit dem Buchstaben »P« – in der ägyptischen Hieroglyphendeutung das Axt-Ideogramm –, auf einem weißen Schurz das rote Templerkreuz, auf dem Untergewand die goldene Schlange, die sich in den Schwanz beißt – das internationale Symbol der Humanität in der Freimaurerei –, darin schwarz eingemalt ein »T« – das mystische Tau der Adonhiram-Legende (auch Hiram-Legende genannt), auf die bei passender Gelegenheit noch einzugehen sein wird.

Die sogenannte klassische Schottische Maurerei hat insgesamt 33 Grade. Man teilt diese in sieben Klassen oder Kategorien ein, was bei Außenstehenden oft für etwas Konfusion sorgt.

Zur 1. Kategorie zählen die drei Johannis-Grade, die man auch als symbolische, primitive und universelle Grade bezeichnet.

Die 2. Kategorie ist die der abgeleiteten Grade. Sie stellt die Entwicklung der ersten Grade dar. Zur ihr gehören nur zwei: der 18. oder Rosenkreuzer-Grad und der 30. Grad, der auch Kadosch-Grad genannt wird.

Die 3. Kategorie verdankt ihre Entstehung dem deutschen Illuminatentum, das von dem Bayern Adam Weishaupt begründet wurde und im Ausgang des 18. Jahrhunderts eine zwielichtige Rolle spielte. Zu der 3. Kategorie gehören die Grade vom 9. bis zum 11. und der 21. Grad.

Die 4. Kategorie besteht ihrerseits aus zwei sogenannten Abteilungen. Zur ersten gehören die jüdischen oder israelitischen Grade, das sind der 4. bis 8. Die zweite bilden die biblischen Grade, nämlich der 12. bis 17. Nach der Herkunft werden bei den letzten fünf Graden noch besondere Unterschiede verzeichnet. Der 12. soll israelitisch-salomonischen Ursprungs sein, der 12. und der 14. deistisch-jüdischen, der 15. und 16. ritterlichen und der 17. apokalyptischen Ursprungs.

Die 5. Kategorie wird von den Templer-Graden gebildet. Es handelt sich dabei um den 19. und 20., den 23. bis 27. und den 29. Grad. Diese acht Templer-Grade haben noch ihre acht inneren Grade, die den äußeren in einer anderen Reihenfolge entsprechen. So ist der 1. innere Grad der 20. äußere, der 2. der 23., der 3. der 24., der 4. der 26., der 5. der 19, der 6. der 25., der 7. der 29. und der 8. der 27. Angesichts derartiger Verschachtelungen ist es kein Wunder, wenn selbst neutrale Beobachter von Verwirrung sprechen.

Die 6. Kategorie bilden die hermetischen und kabbalistischen Grade, die rosenkreuzerischen Ursprungs sein sollen. Die zwei hier vereinigten Grade sind der 22. und der 28. Grad, der erste hermetischen, der zweite kabbalistischen Ursprungs. Hermes Trismegistos, nach dem der erste den Namen hat, gilt in der Mystik als Verfasser geheimnisvoller Bücher, die in der spätgriechischen Zeit und dann nochmals seit dem Mittelalter eine große Rolle spielten. Die Kabbala ist bekanntlich ein Buch der jüdischen Geheimwissenschaften. Rosenkreuzerischer Ursprung wird übrigens auch den beiden Graden 18 und 30 der

2. Kategorie zugeschrieben, und zwar soll der erste vom Rosenkreuzer Dermott begründet worden sein, der zweite vom Rosenkreuzer Ramsan.

Die 7. Kategorie schließlich bilden die administrativen und zugleich höchsten drei Grade — 31., 32. und 33. Sie sollen von Frédéric Dalcho gegründet worden sein.

Anfang des 20. Jahrhunderts wurden in der Schottischen Maurerei durch eine Art Reform die Grade vom 4. bis 17. praktisch so gut wie ausgeschaltet, was in gewisser Weise unverständlich erscheint. Man wird, so man dazu geeignet ist, vom 3. sofort in den 18. Grad befördert!

Die Namen der über die Johannis-Maurerei hinausgehenden Grade lauten wie folgt:

4. Grad: Maître Secret, der geheime Meister. Dieser Grad ist zugleich der erste der 4. Kategorie der israelitischen Grade.

5. Grad: Maître Parfait, vollkommener Meister.

6. Grad: Secrétaire Intime, geheimer Sekretär.

7. Grad: Prévôt et Juge, Geschworener und Richter.

8. Grad: Intendant des Bâtiments, Aufseher der Bauten.

9. Grad: Maître Élu des Neuf, Auserwählter der Neun. Dieser Grad ist zugleich der erste der 3. Kategorie, die von den Illuminaten stammen soll.

10. Grad: Illustre Élu des Quinze, Erleuchteter Auserwählter der Fünfzehn.

11. Grad: Sublime Chevalier Élu, Erhabener Auserwählter.

12. Grad: Grand Maître Architecte, Großmeister Architekt. Dieser Grad ist der erste der zweiten Abteilung der 4. Kategorie, der sogenannten biblischen Grade.

13. Grad: Royal Arche, Königliches Gewölbe. Dieser Grad ist wegen der freimaurerischen Symbolik wichtig. Das aus vorgehaltenen Degen gebildete »stählerne Gewöl-

be« ist nämlich ein wesentlicher Bestandteil der Einweihung.

14. Grad: Grand Élu Parfait et Sublime Maçon, Großer Schottischer Ritter. (Die deutschen Titel sind nicht immer wörtliche Übersetzungen.)

15. Grad: Chevalier d'Orient ou de l'Épée, Ritter vom Osten.

16. Grad: Prince de Jérusalem, Großfürst von Jerusalem.

17. Grad: Chevalier d'Orient et d'Occident, Ritter vom Osten und Westen.

18. Grad: Chevalier Rose-Croix. Im Deutschen müßte dieser Grad Rosenkreuzer heißen, sein Titel lautet aber auf Souveräner Fürst von Jerusalem. Möglicherweise handelt es sich hierbei um eine Rücksichtnahme auf den Orden der Rosenkreuzer. Dieser Grad gehört dabei selbst durchaus nicht dem Rosenkreuzer-System an. Da die Schottische Maurerei Mystik und Politik miteinander verbindet, gilt für diesen Grad als Grundlage seiner mystischen Betrachtungen die Geburt, die Vernichtung und die Wiedergeburt der Weltenkräfte, als Grundlage seiner politischen Betrachtungen die Evolution der Völker durch Entwicklung des Brüderlichkeitsgefühls und eine Beratung über die Mittel, diese Evolution zu verwirklichen. Dagegen behaupten die offizielle Ausgabe des italienischen Rituals und der französische Okkultist Sédir, der 18. Grad sei eine Erfindung der Jesuiten. Diese hätten den Grad sozusagen eingeschmuggelt, um die Maurerei von innen zu zersetzen. Diese Behauptung ist allerdings nicht beweisbar, wenn man auch zugestehen muß, daß die Jesuiten ihrerseits zahlreiche Versuche gestartet haben, die Freimaurerei durch Unterwanderung zu zersetzen.

Die nun folgenden Grade 19 bis einschließlich 29 sind praktisch heute ebenso ausgeschaltet wie die Grade 4 bis einschließlich 17. Sehen wir sie uns trotzdem etwas näher an:

19. Grad: Grand Pontif ou Sublime Écossais, Großer Oberpriester oder ausgezeichneter Schotte. Dieser Grad ist zugleich der erste der 5. Kategorie, der Templer-Grade.

20. Grad: Vénérable Grand Maître toutes les Loges Régulières, auch Vénérable Maître ad Vitam, Ehrwürdiger Großmeister aller regelmäßigen Logen.

21. Grad: Patriarche Noachite, auch Chevalier Prussien, Preußischer Ritter. Dieser Grad gehört zu 3. Kategorie, die vom Illuminaten-Orden stammen soll. Während ansonsten immer als Beleuchtung Kerzen vorgesehen sind, je nach dem Grade in verschiedener Zahl, verlangt dieser Grad die natürliche Mondbeleuchtung.

22. Grad: Chevalier Royal-Hache, Fürst vom Libanon. Dieser Grad gehört zur 6. Kategorie – und zwar zur hermetischen.

23. Grad: Chef du Tabernacle, Herr des Tabernakels. Es handelt sich um einen Templergrad.

24. Grad: Prince du Tabernacle, Fürst des Tabernakels.

25. Grad: Chevalier du Serpent d'Airain, Ritter der ehernen (eisernen) Schlange.

26. Grad: Prince de Merci ou Écossais Trinitaire, Fürst der Gnade.

27. Grad: Grand Commandeur du Temple, Souveräner Großkommandant des Tempels.

28. Grad: Prince adept ou Chevalier du Soleil, Ritter der Sonne. Es handelt sich hierbei um den 2. Grad der 6. Kategorie, also der kabbalistischen.

29. Grad: Grand Écossais de Saint André d'Écosse, Sankt-Andreas-Ritter. Dieser Grad darf nicht verwechselt werden mit dem 6. Grad der Andreas-Maurerei, dem Andreas-Meister.

Weihe eines freimaurerischen Tempelritters im 18. Jahrhundert. Er erhält den Ritterschlag.

30. Grad: Chevalier Kadosch, Ritter Kadosch. Dieser Grad wird nicht selten mit dem Namen des 9. Grades – Maître Élu des Neuf – bezeichnet und mit diesem verwechselt. Sein Name ist rein jüdischer Herkunft, denn Kadosch bedeutet nichts anderes als Heiliger. Welche besondere Bedeutung dieser Grad hat, geht schon aus der Tatsache hervor, daß der zu Problemen der Freimaurerei schreibende Autor Albert Pike dem Ritual dieses Grades allein ein Buch von fast 500 Seiten Umfang (!!!) gewidmet hat, das den Titel »Ritual of knight Kadosch« trägt und im Jahre 1879 erschien.

Die Meinungen zur Bedeutung des 30. Grades sind sehr unterschiedlicher Natur. Manche Autoren halten ihn für den berühmten Wendepunkt, an dem die Hochgrad-Freimaurerei nunmehr die Wege der schwarzen Magie betritt. Dabei betonen die Anhänger dieser Hypothese, daß durchaus nicht alle Kadosch-Ritter dieser schwarzen Magie frönen müssen, sondern daß es auch solche geben kann, die nur zum Schein in diesen Stand aufgenommen werden, ohne daß sie jemals dessen wahre Bedeutung erfahren. Mit anderen Worten: hier beginne also der aktive Kampf gegen das Christentum, der im Geheimritual in die umschreibenden Worte »Réalisation matérielle des doctrines gnostiques« gekleidet sei. Bei der Einweihung werden 13 Kerzen verwendet, was als Gegensatz zu der sonst anzutreffenden Auffassung, wonach die 13 eine Unglückszahl sei, verstanden wird.

Der Ritter-Kadosch-Grad ist der 2. Grad der 2. Kategorie der abgeleiteten Grade und daher mit dem 1. Grad dieser Kategorie, dem 18. des Schottischen Systems, eng verbunden. Dieser Grad ist aber auch der Rache-Grad. Die Templer rächen sich für die Hinrichtung ihres Großmeisters Jakob de Molay. Im Ritual wird dabei eine

Königspuppe, gekleidet als Philipp der Schöne von Frankreich, verhöhnt und vernichtet. Mit dieser Rache für Jakob de Molay ist angeblich auch die Bekämpfung des Christentums verbunden. Ähnlich wie bei der Aufnahme in den Templer-Orden eine Absage an das Christentum zu erfolgen hatte, soll hier ebenfalls das Kreuz angespuckt und mit Füßen getreten werden. Es heißt auch, daß die in diesen Grad wirklich Eingeweihten das Kreuz nach diesem Ritual fortan im Stiefel bzw. Schuh tragen müssen, damit sie es beständig mit Füßen treten können.

Der Kadosch-Grad hat, als sei der Unübersichtlichkeit nicht schon Genüge getan worden, seinerseits noch sieben Untergrade, die da lauten:

1. Kadosch Israélite, Kadosch der Israelite.
2. Kadosch Chrétien Primitiv, Kadosch der ursprüngliche Christ.
3. Kadosch de Croisés, Kadosch der Gekreuzigten.
4. Kadosch des Templiers, Kadosch der Templer.
5. Kadosch Pouritain, Kadosch der Puritaner.
6. Kadosch Jésuite, Kadosch der Jesuite.
7. Kadosch Écossais, Kadosch der Schotte.

Im letzten Untergrad, dem siebenten also, wird, was die Mystik anbetrifft, die gnostische Schulung vollendet, und was die Politik betrifft, die revolutionäre. Dreimal wird man in diesen Grad eingeweiht, was seine besondere Bedeutung demonstriert.

31. Grad: Grand Inspecteur Inquisiteur Commandeur, Groß-Inspektor-Inquisitor-Kommandeur. Dieser Grad ist zugleich der erste der 7. Kategorie, der der administrativen und höchsten Grade.

32. Grad: Sublime Prince du Royal Secret, Erhabener Fürst des Königlichen Geheimnisses.

33. Grad: Souverain Général Grand Inspecteur, Souve-

räner General-Großmeister-Inspektor. Das ist der höchste Grad der sichtbaren Freimaurerei.

Daß andere Systeme noch mehr Grade hatten oder haben, wurde meinerseits bereits erwähnt. Bei der »Ägyptischen Maurerei« findet sich ein Ritus, der mit 90 Graden arbeitet. Der von mir schon genannte freimaurerische Autor Claude Antoine Thory berichtet in seinem Werk »Acta Latomorum, Chronologie ...« über diese Grade und führt sie auch alle namentlich auf. Die Inhaber der letzten drei Grade, des 88. bis 90., nannte er: »Maîtres absolus«. In der 1824 erschienen deutschen »Encyklopädie für Freimaurer« werden der 88., 89. und 90. Grad als jener »des unbekannten und beschränkten Meisters dieser Grade« bezeichnet.

Der mir bis hierher folgende Leser wird sich vor allem, wenn er Nichtfreimaurer ist, fragen, was eine solche verwirrende Grad-Einteilung mit ihren Kategorisierungen eigentlich bedeuten soll. Besaß das Ganze einen tieferen Sinn oder hatten die Erfinder dieses System lediglich einen unbändigen Spaß an wohlklingenden Titeln und irritierenden Strukturen?

Freimaurer werden diese Frage naturgemäß anders beantworten als ihre Gegner. Wie immer man die Sache auch betrachten mag, es bleibt festzustellen, daß das System der Grade massive Angriffsflächen für konspirative Spekulationen und Hypothesen bietet, denn man muß sich beinahe zwangsläufig fragen, ob eine solche hierarchischen Strukturen entsprechende Einteilung überhaupt notwendig ist, wenn die Freimaurerrei — wie im Kapitel 1 aufgezeigt — laut eigener Aussage nur edle Ziele verfolgt, die der Humanität, der Toleranz und der Veredlung der Gattung Mensch verpflichtet sind. Niemand kann nämlich ernsthaft bestreiten wollen, daß ein hierarchisch aufgebautes System gegen jeglichen – von der Freimaurerei stets unterstützten – Gleichheitsgrundsatz verstößt, denn es kann nur aufgrund von *Unterschieden* zwischen den einzelnen Ebenen existieren. Man mag noch akzeptieren, daß die Johannis-Maurerei auf einem System mit drei Graden aufbaut, was jedoch die Andreas- und insbesondere die Hochgrad-Maurerei aufzeigen, führt wesentliche Aussagen der Freimaurer-Bewegung – und das muß jedem einigermaßen logisch denkenden Individuum klar werden – ad absurdum. Anspruch und Wirklichkeit klaffen hier weit auseinander, zu weit. Bei der von mir soeben vorgenommenen Beurteilung ist mir durchaus geläufig, daß die Freimaurerei in den Graden keine Hierarchie sehen will, sondern diese lediglich als »Erkenntnisstufen« bezeichnet. Dennoch sind auch diese Stufen der Erkenntnis, wie ich bereits an anderer Stelle betonte, durch *Unterschiede* gekennzeichnet, womit letzten Endes trennende Elemente zwischen den Brüdern nicht zu leugnen sind.

Übrigens darf innerhalb der Hochgrad-Freimaurerei der höhere Bruder nie und unter keinen Umständen dem Bruder niedrigeren Grades seinen wirklichen Grad offenbaren, so daß der Letztgenannte glaubt, immer von gleich- oder geringerrangigen Brüdern umgeben zu sein. All diejenigen, die hinter dem System der Hochgrad-Freimaurer ein konspiratives Gebilde erblicken wollen, meinen daher, daß all das dem Zweck der Verschleierung diene – eine Vermutung, die aus den von mir vorgenannt beschriebenen Gründen tatsächlich nicht völlig von der Hand zu weisen ist.

Die Loge

Die Räumlichkeit, in der die Freimaurer sich treffen und ihre regelmäßigen Versammlungen abhalten, wird als Loge bezeichnet. Was die Maurertätigkeit angeht, so kann es verschiedene Logen geben, die aber meistens im Gebäude der Loge abgehalten werden. So existieren Aufnahme- bzw. Beförderungslogen, Arbeitslogen, in denen die normalen Sitzungen stattfinden, aber auch Tafellogen, in denen die gemeinsamen Mahlzeiten eingenommen werden. Dabei ging es in früheren Zeiten keineswegs immer sittsam zu: In England arteten diese Tafellogen-Veranstaltungen oft zu wahren Freß- und Saufgelagen aus.

Darüber hinaus gibt es Gerichtslogen, in denen Verfehlungen von Brüdern verhandelt werden, und Trauerlogen, in denen die Gedenkfeier für den in den »ewigen Orient« eingegangen Bruder abgehalten wird.

Das »Internationale Freimaurer Lexikon« vermerkt zur Bedeutung der Logen:

»›Loge ist ein Ort, wo Maurer zusammenkommen und arbeiten. Davon ist dann jede ordentlich eingerichtete Gesellschaft von Maurern Loge genannt und jeder Br. muß zu einer gehören.‹ (Anderson, Konstitutionsbuch 1723). Das Wort bezeichnet also in erster Linie den Raum, in dem sich die Freimaurer versammeln. Dieser Ort soll abgeschlossen sein oder er muß, wenn er unter freiem Himmel gelegen ist, so gewählt sein, daß die Annäherung von Fremden sofort bemerkt und verhindert werden kann (highest of hills and lowest of valleys). Der Name des Versammlungsortes geht dann auf die Versammlung selbst über, und so wird die in der Loge versammelte Bruderschaft selbst Loge genannt. Loge heißt weiter die Bodenbezeichnung, die vom Logendiener, dem Tyler, in den alten englischen

Logen vor der Arbeit auf dem Boden entworfen wurde, also die Symboltafel (Drawing on the floor of the Lodge oder Drawing the Lodge). Im Bericht über die Eröffnung des ersten Maurertempels in London 1776 wird ›die Loge‹ hereingetragen, worunter nur die Werksymbole der Loge, die drei großen Lichter, gemeint sein können.

Der Name des Versammlungsortes ging auf die Versammlung selbst über; Loge ist ein vom Gesetz nicht geschützter Begriff und kann daher auch von nicht-freimaurerischen Betreibern benutzt werden.«

Das ältere »Freimauerlexikon« von Gaedicke weist noch darauf hin, daß die Loge ein längliches Viereck ist. Auch heißt es dort noch:

»Drei gut unterrichtete Männer machen eine Loge gesetzmäßig aus, fünf verbessern sie, und sieben machen sie vollkommen.«

Mit der Zahl Fünf sind drei Meister und zwei Gesellen oder drei Meister, ein Geselle und ein Lehrling gemeint.

Innerhalb der Loge gibt es verschiedene Ämter und Ränge, man spricht in diesem Zusammenhang von drei Stufen oder sieben Rängen. Auch hier ist also ein hierarchisches System ganz offensichtlich. Die höchste Stufe nimmt der Meister vom Stuhle ein, also der Logenmeister. Er hat normalerweise einen Stellvertreter, der den Titel Deputierter oder Zugeordneter Meister trägt. Der Meister vom Stuhl hat den 7. Rang inne.

Den nächsten Rang, also den 6., trägt der Erste Vorsteher, auch Erster Aufseher genannt. Der 5. Rang wird durch den Zweiten Vorsteher oder Zweiten Aufseher charakterisiert. Diese drei Beamten verfügen nicht selten auch über ihre sogenannten Deputierten bzw. Substituten. In sehr großen Logen werden sie unter einer anderen Bezeichnung geführt, dort nennt man sie Großvorsteher.

Den 4. Rang nimmt der Sekretär ein, den 3. der Redner, der in den mittelalterlichen Bauhütten als Parlierer bezeichnet wurde (das heute im Bauwesen gebräuchliche Wort »Polier« kommt ursprünglich daher). Der 2. Rang ist der des Zeremonienmeisters. In größeren Logen stehen auch für diese Funktionen Ersatzleute zur Verfügung.

Im ersten Rang stehen u. a. zwei sogenannte Stewards (Schaffner), der Schatzmeister, der Präparator, der Almosenpfleger (auch Armenpfleger genannt), ein Archivar, ein Bibliothekar und ein Dekorateur. Und dann sind da noch die zwei Wachhabenden, ein innerer und ein äußerer, die oft auch als Türhüter (Torhüter) oder Ziegeldecker bezeichnet werden.

Sämtliche Beamten werden, insofern in der Loge genügend Meister vorhanden sind, aus deren Reihen gewählt, ansonsten aber vom Meister vom Stuhle ernannt. Zusammen bilden sie eine Art Rat, der mindestens einmal im Monat eine Sitzung abhalten muß. Das geschieht u. a. auch deshalb, damit der Meister vom Stuhle einer gewissen Kontrolle unterzogen werden kann. Die Wahlen müssen übrigens jedes Jahr neu vorgenommen werden.

Wichtig zu wissen ist, daß eine Loge nicht von selbst entstehen kann. In der Öffentlichkeit herrscht häufig die Auffassung vor, daß Personen, die dem freimaurerischen Gedanken irgendwie nahestehen, einfach eine solche ins Leben rufen könnten. Prinzipiell ist das sicherlich möglich, aber eine so entstandene Loge wird dann lediglich als »Winkelloge« betrachtet und nicht zur Freimaurerei zugehörig gesehen. Eine echte Loge muß von einer bereits bestehenden großen Loge, die dann zur Mutterloge avanciert, ausgehen, also von ihr gebildet werden. Die neue

Loge entsteht dann als Tochterloge, wobei allerdings in der Folge oft eine gewisse Abhängigkeit von der Mutterloge bestehen bleibt.

Natürlich ist nicht nur das Vorhandensein einer Führung innerhalb einer Loge notwendig, sondern es ist auch wichtig, in einem bestimmten Gebiet arbeitende Logen führungsmäßig zu vereinen. So leicht, wie es gesagt ist, ist es allerdings nicht getan, denn oft existieren zwischen den einzelnen Logen Gegensätze und Rivalitäten, die — auch wenn man versucht, sie nicht in die Öffentlichkeit dringen zu lassen — mitunter doch nach außen gelangen.

Der Aufnahmesaal ist für jede Loge der zentrale Raum. Dort, wo nicht alle benötigten Gerätschaften vorhanden sind, kann genaugenommen kein Aufnahme-Ritual stattfinden. So wurden bei der Aufnahme Friedrichs von Preußen als Kronprinzen, der zu diesem Zweck heimlich nach Braunschweig gereist war, von den Deputierten der Hamburger Loge, die ihn aufnehmen sollte, die betreffenden Geräte mitgebracht. Die Aufnahmezeremonien dauerten von 12 Uhr nachts bis 4 Uhr morgens.

Vor dem eigentlichen Logenraum muß sich ein Vorzimmer befinden, das den Namen »Kammer der verlorenen Schritte« trägt. In dieser hat sich stets ein Bruder aufzuhalten, um fremde Maurer, die beispielsweise als Gäste die Loge besuchen wollen, nach den bestehenden Vorschriften genau zu »untersuchen«, damit sichergestellt werden kann, daß sie denn auch wirklich dem Orden angehören.

Je nachdem, wie sich die finanzielle Situation der Brüder darstellt, ist auch die Loge ausgestattet. Die Ausschmückung der Wände und des Altars entspricht immer der Farbe der Maurerei, der die Loge zugehört. Sie ist bei der Johannis-Maurerei, die ja auch als die »blaue« bezeichnet wird, überwiegend blau, teilweise aber auch schwarz. Auf dem Altar befinden sich gewöhnlich das Johannes-Evangelium oder die ganze Bibel, ein Totenschädel, ein Dolch, das Logenschwert, ein Kelch, die (Nachbildung der) Bundeslade und ein Kruzifix, das bezeichnenderweise bei den Hochgraden fehlt. Über dem Altar hängt der »Flammende Stern des Ostens«, meist in der Form des Pentagramms, oft aber auch in der des Sechssterns jüdischer Herkunft. Dieser Stern trägt in seiner Mitte den Buchstaben »G«, der nach unterschiedlichen Auslegungen »Gott«, »Genesis«, »Gnosis« oder »Geometrie« bedeuten soll.

Den Boden der Loge bildet ein schwarz-weiß gewürfelter Estrich, der als das »Mosaische Pflaster« bezeichnet wird. Nach der Überlieferung soll sich ein solches Pflaster dereinst vor dem Salomonischen Tempel befunden haben und war, wie wir wissen, in symbolischer Form auch bei bestimmten Ornamenten der Tempel-Ritter vorhanden.

Im vorderen Teil des Tempelraumes befinden sich zwei Säulen mit den Bezeichnungen Jachin und Boas. Die Namen stammen aus der Beschreibung des Tempels Salomos. In der Freimaurerei symbolisiert die Jachin-Säule die Lehrlinge und die Boas-Säule die Meister. Unabhängig davon existiert eine Vielzahl weiterer Deutungen der Säulen, z. B. als Kraft und Stoff, Leben und Tod, Liebe und Haß, Feuer und Wasser usw. usf.

Die beiden eben genannten Säulen dürfen keineswegs verwechselt werden mit drei anderen Säulen der Loge, die nur durch drei große brennende Kerzen versinnbildlicht werden. Ihre Bedeutung bezieht sich auf Schönheit, Weisheit und Stärke. Diese drei brennenden Kerzen dürfen

Tempel einer Belgrader Loge.

ihrerseits wiederum nicht verwechselt werden mit den drei großen Lichtern, die dem Maurer leuchten und von denen es zwei Paare gibt: drei große und drei kleine symbolische Lichter. Bei den drei großen handelt es sich um die Bibel, das Winkelmaß und den Zirkel, bei den drei kleinen um die Sonne, den Mond und um den Meister oder die Sterne. Das »Freimaurerlexikon« von Gaedicke erklärt den tieferen Sinn der drei erstgenannten Symbole:

»Die Bibel richtet und ordnet unseren Glauben, das Winkelmaß unsere Handlungen, und der Zirkel soll uns im Bunde mit allen Menschen, vornehmlich aber mit unseren Brüdern erhalten.«

Im Osten der Loge befindet sich der Thron des Meisters mit einem Thronhimmel darüber, dann folgen die Tische der Beamten-Brüder, rechts vom Meister gewöhnlich der des Sekretärs, links der des Redners. Im Westen, dem

Thron gegenüber, stehen die Tische der Aufseher-Brüder. Auf einem Tisch vor dem Meister befinden sich die drei großen Lichter, die Bibel, das Winkelmaß und der Zirkel. Auf diesem Tisch stehen darüber hinaus drei brennende Kerzen.

Dem Meister gegenüber – im Westen – sitzt der Zeremonienmeister. Jeweils rechts und links von ihm ist ein Aufseher plaziert.

Zwischen dem Altar und den Tischen der Aufseher liegt auf dem Boden ein längliches teppichartiges Viereck, das den Salomischen Tempel darstellen soll. Darauf ist eine Reihe maurerischer Gerätschaften abgebildet. Seine rituelle Bezeichnung lautet Tapis, was zu deutsch Teppich heißt. Ursprünglich gab es einen solchen Teppich nicht, man zeichnete zu Beginn der modernen Freimaurerei im 18. Jahrhundert die Symbole einfach auf den Fußboden. In Logen, die aufgrund der Wohlhabenheit ihrer Mitglieder über ausreichende finanzielle Mittel verfügten, wurde der »Teppich« als Steinmosaik in den Fußboden eingefügt.

Um den Teppich herum sitzen in zwei Reihen ohne Ansehen der Person und des Grades durcheinander die Brüder und bilden eine sogenannte Kette, die für den Maurer selbst heilig ist. Das erklärt sich aus dem Umstand, daß die Kette das Symbol der Zusammengehörigkeit aller Freimaurer der Welt darstellt.

Ein Freimaurer muß, wenn er die Loge betritt, im Ornat sein, wozu beispielsweise Degen, Schurz, Handschuhe und verschiedene Abzeichen wie Hammer, Kelle, Winkelmaß, Bleischnur und dergleichen mehr gehören. Der Schurz ist dabei von besonderer Wichtigkeit, ohne ihn darf kein Bruder in einer geöffneten Loge erscheinen. Er ist weiß und soll damit die Reinheit der Seele symbolisieren,

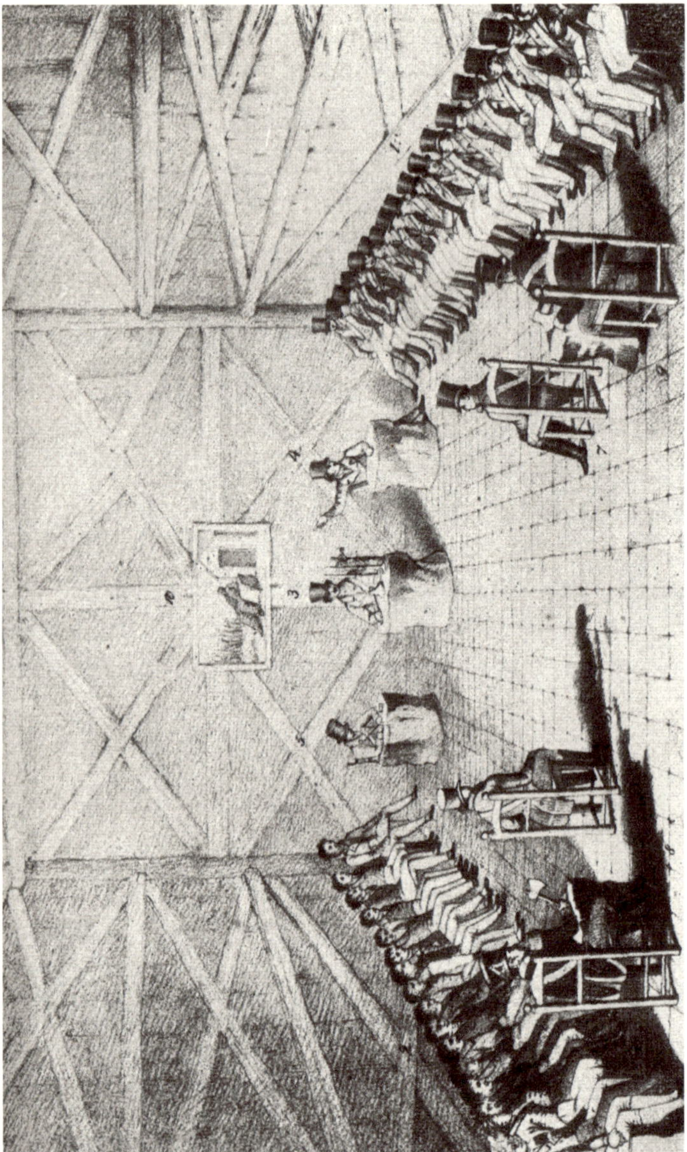

Beispiel für eine Logensitzung.

Schurz eines deutschen Meisters der Johannis-Logen.

Der Schurz von Napoleon aus dem Jahre 1814.

trägt aber auch diverse Zeichen, die mitunter Gradabzeichen sind.

Ein Requisit, das beispielsweise in Deutschland erst im Nachhinein eingeführt wurde, war der Hut. Er sollte zum einen ein Sinnbild für den göttlichen Schutz sein, zum anderen das Zeichen der Freiheit, weil in der Antike Sklaven bekanntlich keine Kopfbedeckung tragen durften.

Der Dichter Johann Wolfgang von Goethe ist in seinem bereits mehrfach genannten Stück »Der Groß-Kophta« ebenfalls auf den Hut eingegangen und hat ihm dort eine besondere Szene zugedacht: Die Hüte werden nach der Begrüßung gleich wieder aufgesetzt – im geschlossenen Zimmer –, der Graf und der Ritter stehen sich gegenüber. Der Ritter, immer noch enttäuscht und erschüttert von der Erkenntnis, daß ein höherer Grad das Gegenteil von dem lehren soll, was der niedrigere vorgab, ist fest entschlossen, den Grafen und seinen Orden zu verlassen:

»Ritter: Ich verlasse Sie! Aus mir werde, was da will.

Graf: Ritter, sehen Sie mich an!

Ritter: Was verlangen Sie von mir?

Graf: Was Sie mich tun sehn, tun Sie auch! (Er nimmt den Hut ab.)

Ritter: Wollen wir mit Zeremonien scheiden?

Graf: Selbst die Höflichkeit gebietet Ihnen, zu folgen.

Ritter (indem er den Hut abnimmt): Nun denn, so empfehle ich mich Ihnen.

Graf (der seinen Hut wegwirft): Nun, Ritter?

Ritter: Was soll das?

Graf: Ich verlange, daß Sie mir nachfolgen.

Ritter (der seinen Hut wegwirft): So sei denn zum letzten Male etwas Unverständliches, etwas Törichtes getan.

Graf: Nicht so töricht, wie du glaubst. (Er geht mit offe-

nen Armen auf ihn zu.) Siehe mich von Angesicht zu Angesicht, du Erwählter! Komm in meine Arme, schließe dich an meine Brust, erhabener Meister!«

Es folgt dann die Vorspiegelung, die Belehrung durch den Domherrn, auf die bereits weiter oben Bezug genommen wurde, sei nur eine »Prüfung« gewesen. Bedeutsam ist hier die Rolle, die der Hut übernehmen mußte.

Ein weiterer wichtiger Bestandteil des Rituals ist der Degen. Er gilt als Symbol der männlichen Kraft und war in früherer Zeit nicht nur »schmückendes Beiwerk«, sondern diente auch zur tatsächlichen Verteidigung bei tätlichen Angriffen auf die Loge. Er soll aber auch ein Sinnbild des Gehorsams sein bzw. als Schwert der Gerechtigkeit verstanden werden. Der Degen darf ausschließlich im Logenritual benutzt werden oder aber im Falle der Verteidigung der Ehre und des Vaterlandes. Das »Freimaurerlexikon« von Gaedicke weist ausdrücklich darauf hin, daß er niemals »wissentlich« mit dem Blut eines Bruders befleckt werden dürfe. Das bedeutet konkret, daß im Kriegsfall der Freimaurer, der mit der Waffe in der Hand kämpft, zwar einen anderen Freimaurer töten darf, aber *nur*, wenn er diesen nicht als solchen erkannt hat. (Um dies zu verhindern, gibt es ein spezielles Erkennungszeichen, auf das noch einzugehen sein wird.)

Neben dem Degen haben manche Freimaurer in der Vergangenheit auch ein richtiges Schwert geführt, wie z. B. der Preußenkönig Friedrich II. In der Schottischen Maurerei kommt auch noch der Dolch vor, der den Verrätern Rache symbolisiert.

Bei der Einweihung erhält jeder Freimaurer ein Paar weißer Handschuhe, was ausdrücken soll, daß alle seine Handlungen rein und flecklos sein sollen. Früher existierte der Brauch, daß man ihm bei der Einweihung auch ein paar weiße Damenhandschuhe für die Braut oder die Ehefrau überreichte, um diese ebenfalls aufzufordern, edel zu handeln, wenn auch der Zutritt für Frauen in den meisten Logen damals nicht möglich war.

Neben den bereits genannten Utensilien finden sich auch die Werkzeuge der ehemaligen Werkmaurerei in den Logen wieder, wie beispielsweise der Hammer, das Winkelmaß, die Bleischnur, die Setzwaage oder der Zirkel. Das wichtigste Werkzeug ist dabei der Hammer, der in der Hand des Meisters ruht und dessen Stärke er versinnbildlichen soll. Er darf während der Versammlung der Loge nie außer acht gelassen werden, und wenn er aufschlägt, hat ihm jeder Bruder Ehrfurcht zu erweisen. Der Zirkel, der zusammen mit Bibel und Winkelmaß die drei großen Lichter bildet, symbolisiert die Pflicht des Maurers den Menschen und besonders den Brüdern gegenüber. Die Zirkellinie ist, laut Gaedickes »Freimauerlexikon«, das Symbol der Ewigkeit und wird gewöhnlich durch eine Schlange dargestellt, die sich in einem Kreis zusammenwindet. Das Winkelmaß soll an Recht und Tugend erinnern, der Zollstab an die Wahrheit, die Bleischnur – auch Senkblei oder Lotblei genannt – daran erinnern, daß der Bruder aufrecht vor Gott und den Men-

Hammer der Feldloge »Zum Eisernen Kreuz« (Orient Lüttich).

schen leben soll. Die Setzwage soll hingegen an den Tod mahnen.

Die zahlreichen und verschiedenen Ausstattungsgegenstände des Logenrituals sind beinahe durchweg tragbar, so daß sie je nach vorzunehmender Zeremonie an den dafür vorbestimmten Plätzen aufgestellt werden können.

Das Bild zeigt links das silbernes Gefäß zum Verbrennen von Stimmzetteln nach Logenabstimmungen. Rechts sind drei »Kanonen« zu erkennen. Es handelt sich dabei um Trinkgläser, die mit freimaurerischen Symbolen versehen waren und bei Tafellogen zum Einsatz gelangten.

Alles, was sich in der Loge abspielt, wird durch die Freimaurerei als »Arbeit am rauhen Stein« bezeichnet, es handelt sich dabei um die vielgerühmte »Königliche Kunst«. Diese Arbeit wird weltweit in den Ritualen und Symbolen zum Ausdruck gebracht. Der »rauhe Stein« wird hierbei als ein ungeschliffener, zackentragender Steinbrocken dargestellt, der mit Winkelmaß, Hammer, Lot, Zirkel und

Wasserwaage behauen werden muß, um aus ihm einen behauenen Stein, einen Würfel, entstehen zu lassen. Der rauhe Stein ist also bei genauer Betrachtung das Abbild des nicht-freimaurerischen Menschen, während der Würfel den vollendeten Freimaurer darstellen soll:

»Der rauhe Stein gilt ›als Abbild der Unvollkommenheit des Verstandes und des Herzens‹, die durch die Freimaurerei gebildet und veredelt werden sollen; es ist der noch unverdorbene, aber der Politur bedürftige Mensch, welcher letztere freilich nicht bloß nach den jeweiligen Sitten und Gebräuchen der Menschheit sich richten soll, sondern nach den ewigen Gesetzen der Moral und des Rechts. Der kubische Stein stellt den durch fortdauernde Übung und Arbeit ausgebildeten Menschen dar, wie er geeignet ist, als brauchbares und nützliches Glied der menschlichen Gesellschaft mitzuwirken.«

Dies schrieb vor mehr als hundert Jahren der Freimaurer R. Fischer in seinem Werk »Erläuterung des Katechismus der Johannis-Freimaurerei« (Leipzig, 1901). Der Würfel – oder Kubus – ist übrigens auch eng verbunden mit zwei der drei wichtigen Prinzipien der Freimaurerei, die sich wie folgt darstellen:

Symbol	maurerisches Werkzeug	Bedeutung
Roher Stein	Winkelmaß	Freiheit
Kubus	Wasserwaage	Gleichheit
Reißbrett	Senkblei	Brüderlichkeit

Es handelt sich hierbei also bedeutungsgemäß um jene drei Prinzipien, die auch von der Französischen Revolution

1789 hervorgehoben wurden. Zumindest die sogenannte romanische Freimaurerei behauptete später von sich, den Umsturz in Frankreich mitgetragen zu haben, während Freimaurer-Vereinigungen in anderen Ländern, wie z. B. Deutschland, nichts, aber rein gar nichts mit dem zu tun haben wollten, was sich Ende des 18. Jahrhunderts in Frankreich zugetragen hatte.

Aufnahme

Wer Mitglied des Bundes der Freimaurer werden will, muß zunächst schriftlich um Aufnahme ersuchen. Daraufhin wird sein Name auf eine schwarze Tafel geschrieben und bleibt da mehrere Wochen ausgehängt, damit jeder die Loge besuchende Bruder sich über die Neuanmeldung unterrichten kann. Nach den alten Maurergesetzen soll jeder Bruder, der sich innerhalb der Länge eines Kabeltaues (= 3,5 englische Meilen oder 4,5 Kilometer) von der Loge entfernt befindet, diese besuchen. Gibt es in einer Stadt mehrere Logen, so wird der Aspirant gleichzeitig auf allen dort hängenden schwarzen Brettern angemeldet. Damit soll sichergestellt werden, daß den Logen nur Menschen beitreten, die einen guten Leumund haben. Zudem werden natürlich Erkundigungen über die Person, die den Aufnahmeantrag gestellt hat, eingezogen. Wenn alles dahingehende zufriedenstellend erledigt ist, wird der Aspirant, wie man zu sagen pflegt, »ballotiert«, d. h. es werden Kugeln (vom englischen »ball«) abgegeben, deren weiße der Aufnahme zustimmen, während die schwarzen eine Ablehnung bedeuten. Allerdings muß in diesem Zusammenhang darauf hingewiesen werden, daß die Bestimmungen in diesem Falle nicht immer gleich sind. In manchen

Logen wird nach einfacher Mehrheit abgestimmt, in manchen Logen wird der Kandidat abgelehnt, wenn insgesamt mehr als drei schwarze Kugel abgegeben wurden.

In den Logen wird der Aufzunehmende vor der Ballotage durch einen Bürgen betreut, der auch das Aufnahmeverfahren einleitet. Es gibt hierbei ein Vorprüfungsverfahren, bei dem eine festzusetzende Zahl von Meistern schon im Vorfeld über die Aufnahme des Kandidaten entscheidet. Ist der Beschluß der Vorprüfungskommission einstimmig befürwortet worden, kann der Suchende nun sein Aufnahmegesuch einbringen.

Ist dann auch noch die Ballotage zu Gunsten des Aufzunehmenden ausgefallen, so wird der Neophyt von dem Aufnahmetag unterrichtet, wobei er auch erfährt, in welcher Kleidung er zu erscheinen hat. An dem ihm mitgeteilten Tag begibt er sich dann ins Logengebäude. Dort empfängt ihn der Bruder Erster Aufseher, der auch »Schrecklicher Bruder« genannt wird, und führt ihn in ein besonderes Zimmer, wo er sich allen mitgebrachten Geldes und Metalls entledigen muß. Das soll ein Symbol dafür sein, daß der Neophyt dem »schnöden Mammon« entsagen kann, und darüber hinaus dafür, daß die Brüder keinen Menschen mit »äußerem Schimmer« einweihen. Freilich wurde vorher bei den Erkundigungen darauf geachtet, daß der Aufzunehmende auch in akzeptablen finanziellen Verhältnissen lebt, denn schließlich muß die Loge bei allen möglichen Anlässen ja finanziell unterstützt, sprich ausgehalten werden.

Nach dem älteren Ritual, das die »Vollständige Sammlung der Adon-Hiramistischen Maurerey« aus dem Jahre 1786 beschreibt, muß sich der Aufzunehmende jetzt in ein altes, abgeschabtes Gewand umkleiden, um, wie es im Ritual heißt, »weder nackend, noch bekleidet« in die Loge einzutreten. Beim Eintritt aber hat der linke Fuß in einem Pantoffel zu stecken, während das rechte Bein bis zum Knie entblößt sein muß. In der mittelalterlichen Bauhütte war, wie weiter vorn bereits dargelegt, das linke Bein bloß zu tragen. Ebenso hat die linke Brustseite entblößt zu sein. Der linke Fuß im Pantoffel soll die Demut des Lichtsuchenden versinnbildlichen, das nackte rechte Bein das Vorhaben, zu wandern, nämlich die Pfade der Wahrheit, die entblößte linke Brustseite soll demonstrieren, daß der Aufzunehmende ein offenes Herz für die Tugenden hat, aber auch bereit ist, den Todesstoß im Falle des Verrats zu empfangen.

Bevor der Aufzunehmende nun in einen weiteren Raum geführt wird, werden ihm die Augen verbunden, und sein Pate, also sein Bürge, und der Bruder Erster Aufseher übernehmen ihn und führen ihn in das Vorzimmer, in die »Kammer der verlorenen Schritte«, die gewöhnlich klein, dunkel und schlecht erleuchtet ist. Auf einem dort befindlichen Tisch stehen mitunter nur ein Leuchter und ein Totenschädel. Man nimmt dem Aspiranten nun die Binde von den Augen und läßt ihn für einige Zeit allein, damit er in aller Stille nachdenken kann. Nach einer bestimmten Zeit tritt der Bruder Erster Aufseher wieder in den Raum, unterzieht ihn einem kurzen Verhör und läßt ihn anschließend ein schriftliches Gelöbnis unterschreiben.

In der Kammer der verlorenen Schritte wird der Neophyt übrigens mit einem dort befindlichen Skelett konfrontiert, das ihn dazu bringen soll, über die Nichtigkeit der irdischen Dinge und die Vergänglichkeit des Seins nachzudenken. In einigen amerikanischen Logen wird das Skelett durch eine Leiche ersetzt, wobei es sich in aller Regel um mitunter täuschend echt wirkende Nachbildungen aus Wachs handelt. Es sollen aber auch schon echte in

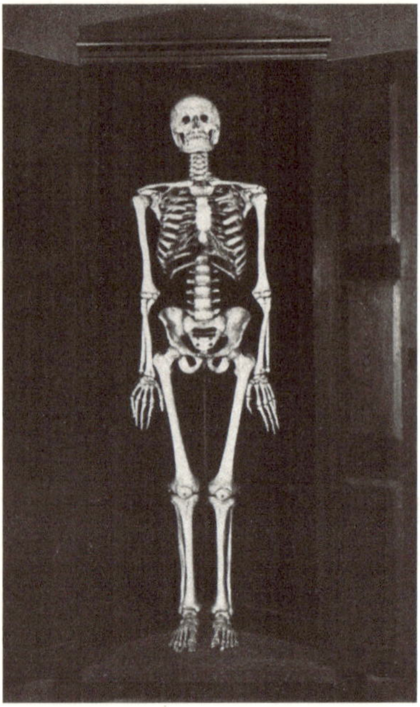

Das Skelett in der »Kammer der verlorenen Schritte«.

der Kammer der verlorenen Schritte aufgestellt worden sein.

In manchen Logen wird der Neophyt jetzt sofort in die Loge geführt, in anderen muß er sich vorher noch den sogenannten Prüfungen der ägyptischen Mysterien unterziehen. Sehr große Logengebäude besitzen zu diesem Zweck eigene, oft raffinierte Einrichtungen in Form verwickelter Treppengänge, niedriger Gewölbe, offener Wasserkanäle, die Bäche darstellen sollen, dunkler Verliese und ähnlichem. Wieder werden dem Neophyten, bevor er in den neuen Raum eintritt, die Augen verbunden, und nun führen ihn bei den Prüfungen der Pate und der Bruder Erster Aufseher zuerst durch einen gewölbten Gang, der die Prüfung durch die Erde symbolisiert, dann durch einen besonderen brennende Stoff, Lokypodium genannt, — die Prüfung durch das Feuer —, darauf durch den »Bach« — die Prüfung durch das Wasser —, und zuletzt muß er Aspirant an Turnringen über einem Abgrund hängen, was die Prüfung durch die Luft darstellt.

Die genannten Prüfungen werden in manchen Logen auch nur auf dem Dielenboden absolviert. Man sagt dem Neophyten beispielsweise, daß er mit zugebundenen Augen auf Stufen in die Tiefe gehen solle, woraufhin er auf

Szene der Aufnahme eines Lehrlings (18. Jahrhundert).

ebener Bahn hinabsteigende Bewegung macht, was auf seiten der ihm zusehenden Brüder natürlich für allgemeine Belustigung sorgt. In der Folge dieser Prozedur sagt man ihm dann auch noch, er müsse gebückt kriechen, weil er einen niedrigen Gang durchqueren müsse, brennt knapp vor seiner Nase Streichhölzer ab, spritzt ihm Wasser ins Gesicht und läßt ihn schließlich hilflos an den Turnringen zappeln. Manche Prüflinge, die weniger starke Naturen waren, mögen bei solchen Verfahren innerlich auch einmal in Panik geraten sein.

In früheren Zeiten brachte man in manchen Logen den Aufzunehmenden in ein unterirdisches Gewölbe, worin andere Maurer als Gefangene gekleidet in Ketten lagen. Ihm sollte auf diese drastische Weise gezeigt werden, welches Schicksal auch ihm zustoßen könne, wenn er etwas von den Geheimnissen des Ordens verrate oder dessen Befehlen zuwiderhandle.

Nach der Beendigung dieser Prüfungen wird der

Neophyt, wenn sie in besonderen Räumlichkeiten stattfanden – insbesondere dort, wo es streng nach den rituellen Vorschriften zugeht, über eine Schneckentreppe – an die Tür der inneren Loge gebracht. Hier beginnt dann ein genau festgesetztes Wechselgespräch zwischen dem Meister vom Stuhle und dem Bruder Erster Aufseher und dem Paten. Der Pate spricht dabei mit dem Meister vom Stuhle nur durch den Bruder Erster Aufseher, denn nur dieser ist befugt, mit dem Meister unmittelbar zu sprechen, wovon nur die sogenannte Katechisierung durch den Meister selbst eine Ausnahme bildet.

Die Aufnahme besteht im allgemeinen aus folgenden Teilen: Der Schwur, die Katechisierung, die Zeichenerklärung und die Reisen nach dem verlorenen Meisterwort. Über die bestandene Aufnahme wird eine Urkunde ausgestellt.

Die Prüfungen können, wie erwähnt, im Logensaal vorgenommen werden, sie können manchmal aber auch ersetzt werden und unterbleiben dann in der dargestellten Form. In anderen Logen wiederum werden sie im Logensaal durch das sogenannte stählerne Gewölbe fortgesetzt und vervollständigt. Dieser Brauch läßt sich so erklären, daß sich alle anwesenden Freimaurer-Brüder in zwei Reihen, mit dem Gesicht zueinander gewandt, aufstellen müssen. Sie ziehen anschließend ihre Degen und kreuzen diese in Kopfhöhe so, daß eine Art Gang entsteht. Der führt vom Logeneingang, der im Westen liegt, in Richtung des Meistersitzes im Osten. Der Neophyt, dessen Augen immer noch verbunden sind, wird nun darunter hindurchgeführt. Dabei wird folgender Satz aufgesagt:

»Man lasse diesen Profanen unter dem eisernen Gewölbe von Abend (Westen) nach Morgen (Osten) reisen, um das Licht zu suchen.«

Nachdem der Prüfling hindurchgeführt worden ist, sagt der Meister: »Ich habe Mitleid mit diesem Profanen. Bruder! Laßt ihn das Licht sehen!« Daraufhin wird ihm die Binde abgenommen, und der Neophyt sieht sich nun in der Mitte der Brüder, die um ihn stehen und ihre Degen auf seine Brust richten. Das soll heißen: Wehe dem Abtrünnigen! Er entgeht nicht unserem Gericht. Über diesen Brauch berichtete erstmals die sogenannte Verräterschrift »Der entdeckte Freimaurer oder das wahre Geheimnis der Freimaurerei. Mit Aufrichtigkeit und ohne Verstellung in allen seinen Teilen ans Licht gegeben«, das im Jahre 1786 erschien. Das Buch, das sehr selten und heute selbst antiquarisch kaum mehr zu bekommen ist, wurde in deutscher wie auch französischer Sprache publiziert.

Erst, wenn dem Aufzunehmenden die Binde abgenommen wird, sieht er die innere Loge vor sich. Die Loge ist, bevor er eintritt, rituell eröffnet worden. Das geschieht, indem der Meister vom Stuhle, wenn die Brüder versammelt sind, an den Bruder Aufseher die Frage richtet (laut »Adon-Hiramitische Maurerey«):

»Welches ist die erste Pflicht des Maurers?
Antwort: Zu sehen, ob die Loge bedeckt ist.
Der Meister: Welches ist die zweite?
Antwort: Nachzusehen, ob alle Brüder in Ordnung sind.
Der Meister: Seid Ihr Maurer?
Antwort: Meine Brüder erkennen mich dafür.«

Die auf diese Weise eröffnete Loge kann nun dem Neophyten, der das Licht sucht, dieses erteilen. Der Ausdruck »das Licht erteilen« ist einer der wichtigsten in der Logensprache. Gaedicke sagt in seinem »Freimaurerlexikon« darüber folgendes:

»Wem zugerufen wird: Gebt ihm das Licht! der erhält

So stellten sich die Gegner der Freimaurerei die Aufnahme in eine Loge vor.

dadurch die Erlaubnis, sich der Erkenntnis und Wahrheit nähern zu dürfen und sie sich zu eigen zu machen.«

Man spricht aus diesem Grund von der Einweihung eines Freimaurers: er hat das Licht dort und dort empfangen.

Die ganzen Prüfungen und der Eintritt, der nach dreimaligen Klopfen erfolgt, symbolisieren das Bibelwort (Matth. 7, 5):

»Suchet, so werdet ihr finden, klopfet, so wird euch aufgetan.«

Schwur — Eid — Gelöbnis

Insbesondere in den letzten 100 Jahren ist viel darüber gestritten worden, ob Freimaurer einen Eid zur Bewahrung der Logen»geheimnisse« leisten müssen oder nicht. Die moderne Freimaurerei betonte gern und oft, daß der Maurer lediglich sein Wort gebe oder ein Gelöbnis ablege, was formaljuristisch betrachtet nicht dasselbe ist wie ein Eid oder Schwur. Allerdings ist diese Darstellung durch verschiedene Freimaurer-Autoren nicht korrekt, denn bei Durchsicht insbesondere älterer Quellen fällt auf, daß diese in den meisten Fällen von Schwüren und Eiden sprechen, die weit über die Bedeutung eines Ehrenwortes oder einfachen Gelöbnisses hinausgehen. Ich will daher etwas ausführlicher auf einige der Eidesformeln eingehen.

Den Schwur hatte der Eintretende in den Johannis-Logen auf das aufgeschlagene Johannes-Evangelium zu leisten. In neuerer Zeit änderte sich dieser Brauch jedoch etwas, und teilweise wurde es Sitte, das Evangelium durch das sogenannte »Weiße Buch« zu ersetzen. Nach dem schon genannten Buch »Der entdeckte Freimaurer ...« von

1786, dessen allererste Ausgabe aber schon im Jahre 1745 herausgegeben wurde, lautet der Schwur:

»Ich schwöre vor dem Angesicht des großen Baumeisters der Erde, welcher Gott ist, das Geheimnis der Maurer und der Maurerei weder geradezu noch mit Umschweifungen zu offenbaren; es weder mündlich noch geschrieben zu verraten, nichts durch Zeichen, Gebärden, oder sei es auf welche Art es immer wolle, was nur einigen Bezug darauf haben mag, zu entdecken noch zu zeichnen. Und im Übertretungsfalle willige ich ein, daß mir die Kehle abgeschnitten, die Augen ausgestochen, die Brust durchbohrt, das Herz herausgerissen, die Eingeweide vom Körper abgesondert, verbrannt und zu Asche verwandelt in den Abgrund des Meeres versenkt oder von den vier Winden auf der Oberfläche der Erde verstreuet und dadurch meines Namens Gedächtnis ganz unter den Menschen ausgerottet werden sollen.

Es geschehe also, so wahr mir Gott helfe und sein Heiliges Evangelium. Amen.«

Dieser Schwurtext wurde allerdings nicht immer angewendet, auch in der Johannis-Maurerei nicht. Wenn man den Darstellungen verschiedener früherer Autoren folgt, soll statt dessen ein anderer Verwendung gefunden haben, der auch in der Schottischen Maurerei üblich war, allerdings noch drastischerer Art ist, aber – darauf muß hingewiesen werden – stark umstritten ist, zumal nach der ersten Enthüllung dieses Schwures im Jahre 1816 diverse freimaurerische Autoren massiv seine Authentizität in Frage stellten. Dessen ungeachtet soll er an dieser Stelle wiedergegeben werden:

»Ich schwöre und gelobe im Namen des allerhöchsten Baumeisters aller Welten, daß ich nie die Geheimnisse,

Zeichen, Griffe, Lehren, Worte und Gebräuche der Brüder Freimaurer entdecken und darüber ein ewiges Stillschweigen beobachten werde. Ich verspreche und gelobe zu Gott, daß ich weder mit der Feder, mit Zeichen, Worten, Gebärden etwas davon verraten noch schreiben, graben in Stein oder Metall oder drucken lassen werde: weder von dem, was mir bis jetzt anvertraut wurde, noch in Zukunft bekannt gemacht wird. Ich verbinde mich dazu bei der Strafe, welcher ich mich, wenn ich nicht Wort halte, unterwerfe, nämlich, daß man mir die Lippen mit einem glühenden Eisen abbrenne, die Hand abhaue, die Zunge ausreiße, die Gurgel abschneide, und endlich meinen Körper in einer Loge der Brüder Freimaurer während der Arbeit und Aufnahme eines neuen Bruders zur Schande meiner Untreue und zum Schrecken der Übrigen aufhenke, ihn nachher verbrenne und die Asche in die Luft streue, damit nicht eine Spur übrig bleibe von dem Andenken meiner Verräterei. So wahr mir Gott helfe und sein Heiliges Evangelium. Amen!«

Über diesen in seinen Konsequenzen schon sehr drastischen Schwur hinaus geht es nur noch bei einigen amerikanischen Logen. In einem Alt-Werk der Freimaurerei von Wilhelm Riedel mit dem Titel »Amerikanische Freimaurerlogen und deren Geheimnisse« wird allerdings ein *Gesellenschwur* zitiert, nämlich daß sich der Schwörende verpflichtet,

»ohne Wiederspruch auch zugeworfene Befehle zu erfüllen, vorausgesetzt, daß dieses innerhalb der Länge meines Kabeltaues oder eines Vierecks und Winkels meiner maurerischen Gesellenarbeit geschieht«. Wenn der Schwur nicht gehalten wird, *»soll meine linke Brust offen und auseinander gerissen, sollen mein Herz und alle meine Ein-*

geweide herausgezogen, über meine linke entblößte Schulter geworfen und in das Tal Josaphat gebracht werden, damit sie dort eine Beute der wilden Tiere des Feldes und der Geier und Adler der Lüfte werden«.

In diesem Schwur kam der Begriff des Kabeltaues vor, der auch bei einem anderen Eid auftaucht, und zwar bei dem des Johannis-Maurer-Lehrlings, wie er vom Freimaurer Robert Fischer in seinem Werk »Lehrlingskatechismus« erwähnt wird und der gleich zitiert werden soll. Wie man unschwer feststellen kann, existieren also unterschiedliche Eidesformulierungen für denselben Grad, die wiederum aus der Vielfalt der Logensysteme und auch aus mancher lokaler Besonderheit resultieren. Hier der Eid des Johannis-Freimaurer-Lehrlings:

»Ich ... schwöre feierlich und aufrichtig, aus freiem Willen, in Gegenwart des Allmächtigen Gottes und dieser ehrwürdigen, dem heiligen Johannis gewidmeten Loge, daß ich die geheimen Bräuche der Freimaurerei hehlen, verbergen und nie, was mir jetzt oder später anvertraut wird, entdecken will, außer an einen echten, rechtmäßigen Bruder oder in einer echten, gesetzmäßigen Loge von Brüdern und Gesellen, welchen oder welche ich als solche nach einer strengen Prüfung erkennen werde. Ich schwöre ferner, daß ich selbige nicht schreiben, drucken, schneiden, malen, zeichnen, stechen oder eingraben, noch veranlassen will, daß es geschieht — auf irgendein bewegliches oder unbewegliches Ding unter dem Himmel, wodurch sie lesbar oder verständlich wird, das die mindeste Aehnlichkeit eines Zeichens oder Buchstabens erhält, wodurch die geheime Kunst könnte unrechtmäßig erlangt werden. Alles dieses schwöre ich mit dem festen unerschütterlichen Entschlusse, es zu halten ohne Unschlüssigkeit, geheimen

Vorbehalt und innere Ausflucht unter keiner geringeren Strafe, als daß meine Gurgel durchschnitten, meine Zunge bei der Wurzel ausgerissen und im Sande des Meeres zur Zeit der Ebbe eines Kabeltaues Länge vom Ufer versenkt werde, wo Ebbe und Flut zweimal in 24 Stunden wechselt. So helfe mir Gott und erhalte mich standfest in dieser meiner Lehrlingsverpflichtung.«

Was hat es nun aber mit dem Kabeltau auf sich? War es nur eine symbolische Umschreibung? Keineswegs, man muß wissen, daß geschichtlich betrachtet die Verwendung von Stricken, Schnüren und Tauen eine lange Tradition hat. In der Frühzeit der menschlichen Zivilisation wurden diese an bestimmten Körperteilen Gefangener befestigt und diese damit vor ihren Richter geführt. Dies galt als Zeichen der Unterwerfung. Es gibt assyrische, babylonische und ägyptische Darstellungen, auf denen Gefangene zu sehen sind, denen die Stricke ums den Hals gelegt oder durch die Nasen gezogen wurden, ja, im alten Mexiko, durchbohrte man gar Gefangenen häufig die Zunge, führte durch das so entstandene Loch einen Strick und brachte sie dann vor den Herrscher, der sie abzuurteilen hatte.

Betrachten wir als letzten Lehrlingseid den des Altschottischen Systems, der von keinem Geringeren als dem Freimaurer-Historiker Karl Christian Friedrich Krause in seinem Werk »Die drei ältesten Kunsturkunden der Freimaurer-Brüderschaft« (Dresden 1820/21, Arnoldsche Buchhandlung) publiziert wurde:

»Ich … schwöre und gelobe im Namen des allerhöchsten Baumeisters aller Welten, daß ich nie die Geheimnisse, Zeichen, Griffe, Worte, Lehren und Gebräuche der Brüder Freimaurer entdecken und darüber ewiges Still-

schweigen beobachten werde. Ich verspreche und gelobe zu Gott, daß ich weder mit der Feder, mit Zeichen, Worten und Gebärden etwas davon verraten, noch schreiben, noch graben in Stein oder Metall oder drucken lassen werde: weder von dem, was mir bis jetzt anvertraut wurde, noch in Zukunft bekannt gemacht wird. Ich verbinde mich dazu bei der Strafe, daß man mir die Lippen mit einem glühenden Eisen abbrenne, die Hand abhaue, die Zunge ausreiße, die Gurgel abschneide, und endlich mein Körper in einer Loge der Brüder Freimaurer während der Arbeit und Aufnahme eines neuen Bruders zur Schande meiner Untreue aufhenke, ihn nachher verbrenne und die Asche in die Luft streue, damit nicht eine Spur übrig bleibe von dem Andenken meiner Verräterei. So wahr mir Gott helfe und sein heiliges Evangelium. Amen!«

Es soll an dieser Stelle erwähnt werden, daß dieser Eid, der jedermann ob seiner Blutrünstigkeit in bezug auf den Fall des Eidbruches abstoßen muß, nach dem Bekanntwerden in der breiten Öffentlichkeit – es wurde zunächst eine andere Quelle aus dem Jahre 1817 genannt, die denselben Wortlaut publizierte – in den 1930er Jahren zu massiven Protesten seitens der Freimaurer-Bewegung führte, weil man dessen Existenz nicht wahrhaben wollte. Alles Leugnen half jedoch nichts, der Wortlaut fand sich auch in dem Standardwerk von Dr. Krause, der in bezug auf das Schwören von Eiden noch den folgenden, sehr bemerkenswerten Satz formulierte, wohl wissend, daß er damit für Unmut unter seinen Brüdern sorgen würde:

»Der sittliche Mensch verspricht überhaupt nicht, etwas zu verschweigen, ehe er weiß, was es ist … und daß und warum und wieweit es … verschweigen werden darf.«

Das sind wahre Worte. Auch ohne diese dürfte aber jedem einigermaßen klar denkenden und humanen Grundsätzen folgenden Menschen beim Lesen des letztgenannten Lehrlingseides klargeworden sein, daß der Anspruch der Freimaurerei, sich für eine humane Gestaltung der menschlichen Gesellschaft einzusetzen, anhand bestimmter Strafen-Formulierungen ins Gegenteil verkehrt wird. Im unkompliziertesten Falle könnte man annehmen, es handle sich dabei nur um ungeschickte Formulierungen. Wenn heutzutage behauptet wird, daß sei alles lange her und würde jetzt ganz anders gehandhabt werden, dann muß ich dennoch zu denken geben, daß die Freimaurerei sich nicht von ihrer Geschichte lossagen kann. Die alte biblische Weisheit »An ihren Früchten sollt ihr sie erkennen« ist nur die halbe Wahrheit, die um den Zusatz »und schaut auch auf ihre Wurzeln« ergänzt werden muß.

Zugegeben, nicht alle Gelöbnisse und Eide sind mit so drakonischen Maßnahmen im Falle des Geheimnisverrates verbunden. Innerhalb der Hochgrad-Maurerei kommen auch humanere Eidesformeln vor, wie beim Schwur des in dieser Form nicht bestrittenen 4. Grades des Schottischen Ritus:

»Ich … gelobe hiermit in Gegenwart des allerhöchsten Baumeisters aller Welten und der hier versammelten Brüder, daß ich mit ihnen den Bund des Alten und Angenommenen Schottischen Ritus stets treu halten werde und die Geheimnisse der Freimaurerei im allgemeinen und des Schottischen Ritus und dieses Grades im besonderen niemals in ungesetzlicher Weise kundtun werde. Ich gelobe, daß ich von dem, was ich bei der Aufnahme in diesen Grad erfahren habe und erfahren werde, keinem Profanen und auch keinem Bruder, der einen niedrigeren Grad als diesen besitzt, Mitteilung machen werde. Ich verspreche und

gelobe außerdem volle Hingebung dem Obersten Rate des Schottischen Ritus in … und Befolgung seiner Statuten, Regeln und Verordnungen, insolange sie mit den Grundsätzen der wahren Maurerei nicht im Widerspruch stehen. Ich gelobe ferner Anhänglichkeit dem erhabenen Kapitel Rose und Croix … im Tale von … wie auch seinen Statuten und Verordnungen. Ich schwöre endlich, bis zu meinem Tode treu zu bleiben in der Erfüllung meiner Pflichten gegenüber der Freimaurerei, der Humanität, meinem Vaterlande, meiner Familie, meinen Brüdern und Freunden und ihnen in der Not, der Gefahr oder der Verfolgung meine Hilfe nie zu versagen.«

Zur Erklärung: Der soeben vorgestellte Schwur nimmt u. a. Bezug auf »das erhabene Kapitel Rose und Croix«. Hierbei handelt es sich um Anspielungen, die mit dem Mystizismus der Rosenkreuzerei zu tun haben, die wiederum eine Quelle für das Freimaurertum darstellt.

Der Eid für den 18. (Hoch-)Grad unterscheidet sich von dem oben vorgestellten und soll deshalb ebenfalls aufgezeigt werden:

»Ich … gelobe und schwöre in Gegenwart des Großen Baumeisters aller Welten und der versammelten Mitglieder dieses souveränen Kapitels … im Tale von … auf das heilige Gesetzbuch und das Schwert, beim Symbol der Ehre, dem Obersten Rat des Alten und Angenommenen Schottischen Ritus von … Treue zu halten und seinen Gesetzen, sowie den besonderen Gesetzen dieses Kapitels zu gehorchen und darauf zu achten, soweit es in meiner Macht liegt, daß deren Verordnungen auch von den anderen Brüdern dieses Kapitels beachtet werden. Ich verspreche, mit Eifer für die Verbreitung der erhabenen Lehren unseres Ritus tätig zu sein. Ich gelobe ferner, daß ich die Geheim-

nisse dieses Grades und der vorhergehenden Grade niemals einem Bruder miteilen werde, der diese noch nicht besitzt. Ich gelobe, daß ich nur Freimaurer vom besten Rufe und unermüdlichen Eifer zur Beförderung vorschlagen werde. Ich verspreche, alles in meinen Kräften zu tun, um meinen Brüdern den Segen der Gewissensfreiheit zu erhalten, gegen meine Brüder so zu handeln, wie ich wünsche, daß sie mir gegenüber handeln mögen. Ich gelobe ferner, Brüder, die einem irregulären schottischen Obersten Rat angehören, als Inhaber der Grade dieses Ritus nicht anzuerkennen und Arbeiten einer nicht anerkannten Loge dieses Ritus nicht zu besuchen. Dies alles gelobe ich bei der Strafe, im Falle eines Zuwiderhandelns aus dem Orden ausgestoßen zu werden und meiner Rechte und Würden eines Ritters vom Rose und Croix verlustig zu gehen. So wahr mir Gott helfe!«

Zuletzt soll noch der Schwur für den 30. Grad, den des Ritters Kadosch also, betrachtet werden. Er besteht aus mehreren Teilen, die im Zusammenhang mit dem Ritual der Einweihung stehen. Entnommen wurde dieser Schwur der Grundurkunde der Hochgrad-Freimaurerei »Alter und Angenommener Schottischer Ritus, die große Konstitution, revidiert durch den Allgemeinen Konvent der zu Lausanne vereinigten Obersten Räte und angenommen in seiner Sitzung daselbst am 22. September 1875«:

»In Gegenwart Gottes, unseres Vaters, gelobe ich ... feierlich auf mein Ehrenwort, die Mysterien des Grades der Ritter Kadosch geheim zu halten, allen Gesetzen und Verordnungen des Ordens gehorsam zu sein und meine ganzen Bestrebungen darauf zu richten, die Tugend zu schützen, die Wahrheit zu verbreiten, die Unwissenheit aber auszutilgen. Amen.

Ich … gelobe und verspreche an dieser Stätte, den Despotismus und die Tyrannei zu bekämpfen, wo immer sie versuchen, meine Mitmenschen zu unterdrücken oder ihre Freiheit zu beeinträchtigen.

Auch gelobe ich, meinen Brüdern selbst auf eigene Lebensgefahr zu Hilfe zu eilen, wenn sie wegen ihres Glaubens oder wegen der heiligen Sache der Wahrheit Verfolgung erleiden. Amen.

Zur Ehre des Großen Baumeisters aller Welten, unter dem Schutze des Obersten Rates 33. Grades des Alten und Angenommenen Schottischen Ritus und auf das Buch der heiligen Gesetze gelobe und schwöre ich, stets meinen früheren Verpflichtungen treu zu bleiben, den Verordnungen des Großen Auserwählten Ritter Kadosch jederzeit gehorsam zu sein und die Geheimnisse und Mysterien dieses Grades treu zu bewahren und nie zu enthüllen.

Weiter verspreche ich und gelobe ich, immer bestrebt zu bleiben, das wahre und große Ziel eines Ritters Kadosch zu erreichen, Unschuld zu beschützen, Verbrechen zu bestrafen und mich ganz der heiligen Sache der Menschen zu widmen.

Weiter verspreche und gelobe ich, in meinem Bemühen um die Verbreitung der Grundsätze des Alten und Angenommenen Schottischen Ritus nie zu erlahmen. Ich will meine Grundsätze gegenüber allen, welche die Erde trägt oder die Sonne bescheint, verteidigen.

Weiter verspreche und gelobe ich, nie gegen einen Ritter Kadosch zu kämpfen, niemals einem solchen die Bruderhand zu verweigern, oder zu unterlassen, ihm beizustehen.

Weiterhin gelobe und verspreche ich, das öffentliche Wohl meiner Mitmenschen zu verteidigen, die Unterdrückten als meine Brüder anzusehen und die Bedrücker als meine Feinde.

Weiterhin gelobe und verspreche ich, alle Mittel, die in meiner Reichweite liegen, zu gebrauchen, um den Despotismus zu vernichten, die Betrügerei aufzudecken und zu verfolgen, mit allen meinen Kräften an der Verbreitung des maurerischen Lichtes tätig zu sein.

All dies gelobe ich bei meiner Ehre und meinem Gewissen vor Gott und den Brüdern dieser und der ewigen Loge. Amen.«

Die hier vorgestellten Eidesformeln sind nicht nur in freimaurerischen Werken, sondern auch in zahlreichen »Enthüllungsschriften« bekannt gemacht worden. Was letztere anbetrifft, so wurde stellenweise die Richtigkeit der Schwursätze durch die Freimaurer-Logen bestätigt, manchmal ließ man nach Bekanntwerden der Formeln aber auch bestimmte Dinge weg, um sie dann durch andere, weniger drastisch wirkende Formulierungen zu ersetzen.

Die deutsche Freimaurerei, die mit der Veröffentlichung einiger Schwurformeln Schwierigkeiten zu haben schien, wies bereits in den 1920er Jahren darauf hin, daß der Schwur in ihr nicht mehr in Gebrauch sei; er werde durch ein kurzes schriftliches Schweigegelöbnis ersetzt. Trotz allem bleibt die Frage unbeantwortet im Raum stehen, warum man seitens der Freimaurerei überhaupt zu solch drastischen Formulierungen in den Eiden greifen mußte, wo doch genaugenommen klar war, daß sie im Falle des öffentlichen Publikwerdens für viele aufgeregte Fragen sorgen würden?! War es pure Lust an der Schilderung drakonischer Strafen, war es eine – wie von den Gegnern der Freimaurerei unterstellt – fast ins Perfide gehende Täuschung und Versklavung der Brüder unter unbekannte Zwecke oder gab man sich einfach dem damaligen Zeitgeist und einer nach außen hin beabsichtigten Wirkung hin?

Der Vollständigkeit halber sei noch erwähnt, daß in den französischen Fassungen der Einweihungsschwüre und so in allen französischen Freimaurer-Dokumenten übrigens seit dem Jahre 1877 jede Berufung auf den Obersten Baumeister der Welten gestrichen worden ist. Allerdings hat diese Vorgehensweise, die nicht bis in die letzte Konsequenz und nicht überall realisiert wurde, zu erheblichen Verstimmungen zwischen der französischen und vor allem der englischen Maurerei geführt, was sogar zeitweise zu einem Abbruch der Kontakte beitrug.

Bevor wir auf Details zu sprechen kommen, die das »Wie« des Ablegens des Eides betreffen, muß noch auf ein Element eingegangen werden, das allen Schwurformeln eigen ist: die Betonung des Schutzes der Geheimnisse der Freimaurerei. Ohne das Ganze überbewerten zu wollen, muß festgestellt werden, daß auch die Freimaurer-Logen der Moderne stets darauf achteten, daß vieles, was sich in ihnen ereignete, in ihren Reihen blieb. Manche hierzu getroffenen Festlegungen scheinen absurd angesichts des grundsätzlich vertretenen freimaurerischen Gedankens von Offenheit, Freiheit, Gleichheit, Brüderlichkeit und Humanität. Es verwundert demzufolge nicht, wenn die Freimaurer-Gegner hier zahllose Anzeichen für eine besondere Form der Geheimbündelei zu erkennen glaubten, für die freimaurerische Schriften selbst die »Munition« lieferten, wie das z. B. in dem »nur für Freimaurer bestimmten« »Handbuch für die Brüder der Großen Landesloge der Freimaurer von Deutschland« (Berlin 1912) der Fall war. In ihm sind zahlreiche ausgeklügelte Bestimmungen und Paragraphen zu finden, die den Schutz der Geheimnisse der Freimaurerei gewährleisten sollen:

»§ 18

Maurerische Erkennungszeichen außerhalb der Loge zu geben, ist nicht gestattet, mit Ausnahme des Lehrlingsgriffs, der jedoch in Gegenwart von Nichtmaurern mit solcher Vorsicht zu geben ist, daß er denselben nicht verraten wird; auch bei maurerischem Klopfen an die Tür, um sich dadurch als Maurer anzumelden, ist dies zu beachten.«

»§ 22

Besondere Aufmerksamkeit hat der Freimaurer denen gegenüber anzuwenden, welche den Eintritt in die Loge suchen. Er muß sich daher von den Aufnahme- und Annahmegesuchen, welche bei seiner Loge einlaufen, unterrichten und mit allem Fleiß ermitteln, ob die den Eintritt Suchenden würdig sind. Sollte er irgend etwas erfahren, was geeignet wäre, die Zulassung eines Suchenden unerwünscht erscheinen zu lassen, so hat er dies sofort, jedenfalls vor der Abstimmung, seinem vorsitzenden Meister anzuzeigen.«

»§ 116

Er [der Redner, Anm. d. Verf.] *hat jeden Vortrag, den er zu halten gedenkt, dem Logenmeister eine angemessene Zeit vorher zur Durchsicht und Begutachtung zuzustellen oder wenigstens, wenn der Logenmeister damit einverstanden ist, ihm das Thema des Vortrages sowie die Disposition mitzuteilen.«*

»§ 127

Vor Beginn der Arbeit empfängt der Zeremonienmeister die versammelten Brüder. Hierbei liegt ihm namentlich die Prüfung der besuchenden Brüder ob. Vor allem hat er darauf zu sehen, ob ein besuchender Bruder einer gesetzlich anerkannten Loge angehört; denn nur wenn dies der Fall ist, kann derselbe zur Teilnahme an der Arbeit sowie zum Besuche der Loge überhaupt zugelassen werden. Zu diesem Zwecke erbittet er sich das neueste Mitgliederverzeichnis und das Zertifikat des besuchenden Bruders und prüft dasselbe, wobei er darauf zu sehen hat, daß solches nicht über drei Jahre alt ist. Sollte es ihm ungewiß sein, ob die Loge, welcher der besuchende Bruder angehört, eine von der Großen Landesloge anerkannte ist, so hat er die Entscheidung des Logenmeisters einzuholen. Nach eventueller Prüfung des besuchenden Bruders ... in den Erkennungszeichen und durch Fragen über die näheren Umstände bei seiner Aufnahme bzw. Beförderung ersucht er ihn, seinen Namen eigenhändig in das Präsenzbuch einzutragen.«

Selbst bei vorsichtiger Interpretation entsteht der Eindruck, daß die Brüder nicht nur unter sich bleiben wollten – sondern auch *sollten*. Ein gewisses Maß an Vertraulichkeit muß selbstverständlich in jeder menschlichen Vereinigung herrschen, doch gibt es in den Bestimmungen Anhaltspunkte, die in gewisser Weise auf eine laufende Zensur bzw. Kontrolle hinweisen, die mit den großen Zielen der freimaurerischen Bewegung nur schwer vereinbar erscheint. Oder waren auch hier nur ungeschickte Formulierer am Werk? Diese muß es, wenn man daran glauben will, überall und in rauhen Mengen gegeben haben, denn in der Grundverfassung der Großen Landesloge von Schweden steht in Artikel 7 wenig Erfreuliches über das, was geschieht, wenn ein Bruder etwas verraten sollte:

»Bricht ein Bruder den Verschwiegenheitseid, den er dem Orden bei seinem ersten Eintritt geleistet hat, indem er entweder fremden Unkundigen oder Brüdern niederen

Grades etwas von demjenigen offenbart, was ihm im Orden anvertraut worden, auf welche Art es auch sei, so werde er schuldig und rechtsfällig, das Urteil zu erleiden, dem er bei Leistung seines Eides sich selbst unterworfen und den unbekannten und heimlichen Vollstreckern überantwortet; unsicher vor ihren rächenden Händen in allen Orten des Erdkreises, woselbst sich rechtschaffende und echte freie und aufgenommene Brüder befinden und ihre Arbeiten führen.«

Mir ist einfach zu oft von Folgen die Rede, die für den Bruder Deliquenten einen tödlichen Ausgang haben dürften. Freilich wird man nun behaupten, das sei alles nicht so gemeint. Wenn dem wirklich so ist, warum investierte man dann überhaupt Zeit und Geld, um solche Verordnungen und Vorschriften zu verfassen? Um den Gegnern Angriffspunkte zu bieten? Oder aus Versehen?

Blättert man in der alten Freimaurer-Literatur, die ungeheuer zahlreich ist, stößt man in diesem Zusammenhang noch auf andere Dinge, die hier kurz aufgeführt werden sollen. Angenommen, jemand hätte Ihnen etwas wertvolles entwendet, das, würde es veröffentlicht, Sie kompromittieren könnte. Würden Sie dabei ruhig zusehen oder das Ganze zurückzukaufen versuchen? Wie auch immer Sie diese Frage beantworten mögen, die Freimaurerei hat erstaunlicherweise in einigen gut dokumentierten Fällen Zahlungen geleistet, um bestimmte Dinge wieder in ihren Besitz zu bekommen. Das klingt merkwürdig, denn das Geheimnis der Freimaurerei besteht doch nur in der Einweihung und ist, wie immer wieder erklärt wird, für Profane unverständlich, weil jenseits von Politik und Materialismus befindlich …

Ein solcher Fall ereignete sich in der ersten Hälfte des

19. Jahrhunderts und betraf einen Bruder namens von Gloeden. Der Fall wurde in der »Geschichte der Großen Landesloge der Freimaurerei von Deutschland zu Berlin, verfaßt von Mitgliedern der Wissenschaftlichen Kommission der Großen Landesloge« (Berlin 1922) veröffentlicht.

Der Bruder von Gloeden hatte sich unrechtmäßig eine Reihe originaler Unterlagen höherer Grade beschafft, darunter diverse Akten, Ritualbücher, Gesetze etc. pp., die er aus verschiedenen Gründen nicht wieder zurückgeben wollte. Der Streit um den Diebstahl endete im Kompromiß. Nach Zahlung von 3000 Talern, einer Menge Geld für die damalige Zeit, gab von Gloeden 1849/50 die Unterlagen wieder an die bestohlene Loge zurück, nachdem er sich zusätzlich einer Rente versichert hatte, die über mehr als 25 Jahre lief und 100 Taler pro Jahr betrug. Wieso wurde ein Schweigegeld bezahlt, wenn das, was man hätte stehlen und veröffentlichen können, ohnehin nur rein geistiger Natur gewesen war?

Angesichts solcher Vorfälle erscheint es nicht verwunderlich, daß all jene, die der Freimauerei skeptisch oder gar feindlich gegenüber standen, in derartigen Transaktionen den Beweis für die lang geäußerte Vermutung sahen, daß zumindest bestimmte Maurer bzw. Logen Geheimnisse sehr irdischer Art behüteten, die es wert waren, vor den Augen der Öffentlichkeit verborgen und bei Diebstahl auch zurückgekauft zu werden. War die Freimaurerei also doch ein Geheimbund? Dutzende von freimaurerischem Schriftstellern haben behauptet, daß sie dies nicht sei. Aber auch in diesem Falle scheint keine Einigkeit unter den publizierenden Brüdern Freimaurern zu herrschen, wie das Beispiel des Bruders Zink dokumentiert, der Mitglied der großen National-Mutterloge »Zu den drei Weltkugeln« in Deutschland war und in seinem

»Kleinen Katechismus für den Gesellengrad« folgendes schrieb:

»Inwiefern ist die Freimaurerei ein Geheimbund?

Einmal, weil er seine Mitglieder abgeschlossen von der Außenwelt versammelt; sodann weil er sie mit einer Lehrart bekannt macht, welche für Profane ein Geheimnis ist und bleiben soll. Auch die Symbole sind Träger geheimer Ideen, sind Hieroglyphensprache der Freimaurerei. Und selbst wenn sie der Welt bekanntgegeben würden, bliebe ihr maurerischer Inhalt dennoch ein Geheimnis für jeden Uneingeweihten. Mag also noch so viel Geschriebenes oder Gedrucktes über den Freimaurerbund in der Welt die Geister irreführen, das, was echt freimaurerisch ist, läßt sich graphisch nicht darstellen, solches will in der Stille des Gemüts erkannt und empfunden sein. Also bleibt die Freimaurerei bis auf weiteres ein Geheimbund!«

Nach solch interessanten Feststellungen, die meinerseits nicht kommentiert werden müssen, weil sie für sich selbst sprechen, kommen wir nun auf das »Wie« der Eidesleistung zu sprechen.

Beim Ablegen des Schwures hat der Einzuweihende erst einmal niederzuknien. Der Meister setzt ihm daraufhin auf die entblößte linke Brust eine Spitze des Zirkels, den der Einzuweihende mit der linken Hand halten muß. Die rechte Hand muß er auf zwei gekreuzte Degen legen, unter denen das Johannes-Evangelium aufgeschlagen liegt. Nachdem die Eidesformel gesprochen worden ist, erhält er einen Schlag mit dem Hammer auf die Stirn. Damit wird die eigentliche Weihe vollzogen. Dann bekommt er den Lehrlingsschurz überreicht, womit aus einem Profanen ein Maurer geworden ist.

Nach der »Adon-Hiramitischen Maurerey« aus dem

Jahre 1786 sollen hier noch einige Fragen und Antworten wiedergegeben werden, die bei dem Ritual der Lehrlingsaufnahme eine Rolle spielen:

»Frage: Was sucht Ihr hier?

Antwort: Meine Leidenschaften zu überwinden, meinen Willen regieren zu lernen und neue Fortschritte in der Maurerei zu machen.

Frage: Was versteht Ihr unter Maurerei?

Antwort: Ich verstehe darunter die Erlernung der Wissenschaften und die Ausübung der Tugend.

Frage: Sagt mir, was ist ein Maurer?

Antwort: Ein Maurer ist ein freier Mann, der den Gesetzen untertan und ein Freund und ein Bruder der Könige sowie der Schäfer ist, wenn sie tugendhaft sind.«

Auf diese Antwort folgen Fragen zur Bedeutung maurerischer Symbole und über die sogenannten Reisen. Ihnen folgen Erklärungen zu den Zeichen und zu den Griffen und Paßwörtern sowie auch schon Fragen, die Bezug auf den Tempel Salomons nehmen, der eigentlich nur in den höheren Graden eine besondere Rolle spielt:

»Frage: Woran arbeiten die Lehrlinge?

Antwort: Den rohen Stein zu behauen und zu verfeinern.

Frage: Wo erhalten sie ihren Lohn?

Antwort: Bei der Säule Jachin.«

Heftige Auseinandersetzungen gab es zwischen Freimaurern und ihren Gegnern in bezug auf den sogenannten Bluttrank, einen speziellen Ritus, der beispielsweise im Schwedischen System vorkommen sollte. Man könnte derartige Darstellungen als Ausgeburten einer übersteigerten Phantasie brandmarken, wäre da nicht die Tatsache aktenkundig, daß es ein Freimaurer war, der über diesen

Bluttrank berichtete, um das betreffende Zeremoniell zu geißeln. Es handelte sich dabei um den Freimaurer-Bruder Merzdorff, der in der »Bauhütte« von 1879 schrieb:

»Dieser Bluttrank, kein Weintrank, existiert wirklich. Das dem geritzten Daumen entströmende Blut (des Neophyten) wird in einen Becher mit Wein getröpfelt und dann von allen Umstehenden getrunken. Der etwa verbleibende Rest wird in einer Phiole aufbewahrt zum nächsten Gebrauch, so daß auf diese Weise das Blut aller früheren Templer sich mischt. […] In unseren Augen ist der Bluttrank ein kannibalistischer Akt, da er nur noch von den rohesten Völkern ausgeführt wird.«

Dem ist eigentlich nichts weiter hinzuzufügen, mit Ausnahme des auf der nachfolgendem Seite in einem Bild zu sehenden Zubehörs, daß zum Brauchtum der »Auserwählten Brüder« des 9. Grades des Schwedischen Systems gehört.

Die erste Arbeit, sprich die erste Logensitzung, welcher der Lehrling beiwohnt, wird in der »üblichen Weise« geschlossen. Nach dem Katechismus der Freimaurerei haben die Logenarbeiten von Mittag bis Mitternacht verrichtet zu werden. So fragt denn beim Schließen der Loge der Meister (nach der »Adon-Hiramitischen Maurerey«): »Was ist die Uhr?« Die Antwortet lautet, egal ob die tatsächliche Zeit stimmt oder nicht: »Mitternacht.« Dann folgt die Frage: »Wie alt seid Ihr?« Antwort: »Drei Jahre.« Das ist das Symbol für die frühere Lehrlingszeit bzw. für die Zugehörigkeit zu diesem Grad, die natürlich auch nicht eben diesen genannten Zeitraum umfassen muß, sondern kürzer oder länger sein kann. Daraufhin fährt der Meister fort: »In Rücksicht der Stunde und des Alters be-

In dem rechts neben dem Messer stehenden Fläschchen wird das Blut aufbewahrt. Dahinter ist eine Urkunde aus dem Jahre 1835 mit den Templerkreuzen zu sehen, links der besiegelte Umschlag der höchsten Brüder, der die Echtheit des Blutes und des Rituals bestätigt.

nachrichtigt alle unsere lieben Brüder auf der Seite von Mittag sowohl als auf der Seite von Mitternacht, daß wir die Loge schließen und unsere Arbeiten nach der gewöhnlichen Art endigen wollen.« Ein Hammerschlag ist das Zeichen.

Über die Aufnahme erhält der Lehrling eine Urkunde.

Die Aufnahme selbst und insbesondere der Schwur unterliegen je nach Loge und Aufzunehmenden gewissen Abänderungen, aber der Geist des Ganzen bleibt immer derselbe. Oft wird seitens der Freimaurerei behauptet, der

Eid wäre, was seinen Wortlaut angeht, nicht mehr als eine bloße Formalität. Das stößt in den Reihen der Gegnerschaft allerdings auf erhebliche Zweifel, zumal tatsächlich im 20. Jahrhundert eine Reihe von Fällen offenbar wurde, in denen die drakonischen Maßnahmen, die im Falle des Eidbrechens vorgesehen waren, auch umgesetzt wurden.

Einen besonders krassen Fall berichtete die Zeitschrift »Emanuel«, Nr. 1/2 vom Januar/Februar 1924, die sich auf den Bericht eines katholischen Geistlichen aus dem Jesuitenorden bezog, der missionarisch in Zentralafrika tätig war und im Jahre 1867 in Paris weilte, um Spenden für die Fortsetzung seiner Tätigkeit zu sammeln. Am 22. Dezember 1867 wurde er gegen 10 Uhr abends zu einem Sterbenden gerufen. Als er in den geschlossenen Wagen gestiegen war, der ihn abholte, wurde er plötzlich mit Waffen bedroht. Bevor er sehen konnte, wer ihm da Gewalt antun wollte, wurden ihm die Augen verbunden. Nach mehr als einstündiger Fahrt gelangte die Kutsche zu einem Haus, wo der Geistliche in ein Zimmer geführt wurde, in dem er, als man ihm die Augenbinde abnahm, statt eines Sterbenden einen völlig gesund aussehenden alten Herrn erblickte. Dieser erklärte ihm, daß er der Sterbende sei: er werde, von seinem Geheimbund zum Tode verurteilt, in einer Stunde sterben müssen. Er habe sich, selbst seit 28 Jahren tätiges Mitglied dieses Ordens, geweigert, als ihn das Los traf, einen alten Prälaten zu töten, und nach den Ordensstatuten sei er damit dem Tode verfallen.

Nach ausführlichen Erklärungen über das »Wie« und »Warum« der Anwesenheit des Geistlichen erklärte der alte Mann ruhig, er werde durch eine große eiserne Gabel sterben, deren Zinken die beiden Hauptadern des Halses durchstoßen und ohne verdächtige große Wunden den Tod verursachen. Er selbst kenne sich bestens damit aus, denn er habe im Laufe der letzten Jahrzehnte mehr als fünfzig Wortbrüchige oder anderweitig mißliebige Personen mittels dieser Methode aus der Welt geschafft oder zumindest sterben sehen. Die Leiche werde anschließend in den Fluß geworfen, und da sie im Wasser meist anschwelle, würden die zwei kleinen Gabelstiche so gut wie nicht sichtbar sein, so daß die Untersuchungsbehörden meist einen Unglücksfall oder Selbstmord vermuten würden. Die Beichte, die nun folgte, beschäftigte den Geistlichen mehr als die eigentlich geplante eine Stunde, so daß – so makaber das klingen mag – der Hinrichtungstermin verschoben werden mußte. Die Geheimbündler mußten noch zwanzig Minuten warten. Der Jesuit wurde nach dem Ende des Gespräches wieder mit verbundenen Augen zur Kutsche gebracht und diesmal nach mehrstündiger Fahrt abgesetzt. Als er die Augenbinde abnahm und sich zu orientieren versuchte, mußte er feststellen, daß er mehrere Wegstunden von Paris entfernt abgesetzt worden war.

Nach diversen Nachforschungen fand der Geistliche die Leiche des alten Mannes in der Morgue. Man behauptete, der Tote sei in der Seine ertrunken, die seltsamen Einstiche am Hals hatte man wohl übersehen. Daraufhin suchte der Beichtvater die Familie des Verstorbenen auf, deren Adresse er erfahren hatte. Dabei mußte er feststellen, daß der Vater Freimaurer gewesen war …

Man könnte diesen Fall mit einer Handbewegung abtun und sagen, daß möglicherweise kirchliche Freimaurergegner – und die Jesuiten gehörten zu den hartnäckigsten – diese Geschichte in Umlauf brachten, um die Freimaurerei als solche zu diskreditieren. Doch gibt es eine ganze Reihe weiterer, ähnlicher Fälle, und die Freimaurer-Bewegung hat meist recht wenig getan, um diese Geschichten zu entkräften. Das kann mehrere Gründe haben, die mit dem bekannten Motto: »Wer sich verteidigt, klagt sich an« ebenso zu tun haben könnten wie mit dem Interesse des Ordens, seine Mitglieder in Furcht und Schrecken zu halten, es werde ihnen im Falle des Verrats geheimer Informationen oder der Nichtbefolgung eines Befehls genauso ergehen wie dem alten Mann oder anderen Personen, deren Leben plötzlich beendet wurde.

Nun mag mancher meinen, das alles sei lange her und die Freimaurerei könnte den Verrat von Informationen heute kaum mehr auf solche Weise bestrafen. Das mag prinzipiell richtig sein, denn in einer zivilisierter gewordenen Welt ist für derartige Strafen kein Platz mehr, zumal auch von Staats wegen in vielen Ländern die Todesstrafe, ein vor etwas mehr als 50 Jahren noch probates Mittel, die Räson aufrecht zu erhalten, abgeschafft wurde. Bei Recherchen zeigt sich jedoch, daß es auch heute noch Fälle gibt, in denen »endgültige Mittel« seitens der Brüder erwünscht erscheinen. In einem mir vorliegenden Fall trat die Tochter eines Bruders, der den Grad des Meisters erreicht hatte, sein Erbe an. Der Mann war viele Jahrzehnte in einer Loge tätig gewesen und hatte Aufzeichnungen hinterlassen, die seine Tochter übernahm. Obwohl ihr Vater ausdrücklich verboten hatte, das Geschriebene zu lesen, obsiegte die Neugier, zumal der Vater längst in einer besseren Welt weilte. Das war ein Fehler, denn wie die Frau feststellen mußte, befanden sich in den Unterlagen Hinweise auf einige unschöne Angelegenheiten. So war beispielsweise von einem Bruder die Rede, der aus dem Bund ausgetreten war, wofür ihn der Vater zur Rechenschaft ziehen – und umbringen wollte! Die Tochter, die hier unbekannte Details über ihren Vater und seine Denkweise in bezug auf Verfehlungen gegen die Freimaurertätigkeit erfuhr, hatte danach Alpträume und mußte sich in psychologische Betreuung begeben.

Als Außenstehender, der von solchen Fällen hört, fragt man sich natürlich, ob es sich um Ausnahmen von der Regel handelt oder ob das, was hier beschrieben wurde, Methode hat. Auf alle Fälle ist das Geschilderte mit den Grundsätzen der Freimaurerei in keinster Weise vereinbar und auch im Namen all derjenigen, welche die wahre Königliche Kunst betreiben, schärfstens zu verurteilen.

Beförderungen

Einweihungen in höhere Grade geschehen in ähnlicher Weise wie die Aufnahme eines Suchenden.

Bei der Aufnahme in den Gesellengrad wird nach der »Adon-Hiramitischen Maurerey« unter anderem gefragt:

»Was lehrte man Euch, als Ihr zum Gesellen aufgenommen wurdet?

Antwort: Die Bedeutung des Buchstabens G. (im strahlenden Stern)

Frage: Was bedeutet dieser Buchstabe?

Antwort: Geometrie, oder die fünfte Wissenschaft, so dem Maurer am notwendigsten ist.«

Später kommt die Frage: *»In welcher Gegend ist Eure Loge?*

Antwort: Im Orient des Tales an einem Orte, wo Friede, Wahrheit und Einigkeit herrscht.

Frage: Was hat sie für eine Gestalt?

Antwort: Ein längliches Viereck.

Frage: Wie lang ist sie?

Antwort: Sie reicht von Osten bis Westen.

Frage: Wie breit ist sie?
Antwort: Ihre Breite reicht von Süden bis nach Norden.
Frage: Wie hoch ist sie?
Antwort: Unzählige Ellen hoch.
Frage: Wie tief ist sie?
Antwort: Sie reicht von der Oberfläche der Erde bis zu deren Mittelpunkt.«

Danach werden die drei Kleinodien der Loge behandelt, das Winkelmaß, die Wasserwaage und die Bleiwaage. Diesen folgen die drei unbeweglichen: der rohe Stein, der kubische oder Schleifstein und das Reißbrett der Meister:

»Frage: Wozu dienen sie?
Antwort: Der rohe Stein dient den Lehrlingen zur Arbeit, der kubische Stein dient den Gesellen, um ihre Werkzeuge daran zu schärfen, und auf dem Reißbrett entwerfen die Meister ihre Zeichnungen.«

Dies wird nun symbolisch erklärt. Der Geselle antwortet daraufhin:

»Das Winkelmaß lehrt uns, daß alle unsere Handlungen nach der Billigkeit abgemessen sein sollen; die Wasserwaage, daß alle Menschen gleich sind und eine vollkommene Einigkeit unter den Brüdern herrschen soll; die Bleiwaage bezeichnet die Festigkeit unseres Ordens, als der auf Tugenden gegründet ist; der rohe Stein, den die Lehrlinge bearbeiten, ist das Sinnbild unserer Seele, welche sowohl guter als auch böser Eindrücke fähig ist; der kubische Stein, worauf die Gesellen ihre Werkzeuge schärfen, zeigt an, daß wir nur durch Wachsamkeit über uns selbst uns vor dem Laster bewahren können; und das Reißbrett der Meister ist das gute Beispiel, welches uns die Ausübung der Tugend erleichtert.«

In weiteren Fragen heißt es beispielsweise:

»Welches sind die theoretischen Maurer?

Antwort: Diejenigen unserer Brüder, welche der Tugend Tempel und dem Laster Gefängnisse errichten.

Frage: Welches sind die Gesetze der Maurerei?

Antwort: Das Laster zu bestrafen und die Tugend zu ehren.«

Die Gegner der Freimaurerei legen diese Antwort auf die Goldwaage, wenn sie fragen, ob die Brüder das Recht hätten, die eigentlich dem Staat zustehende Aufgabe der *Bestrafung* des Lasters (der Verbrechen) zu übernehmen. Sie meinen, eine wirklich ehrlich der Allgemeinheit dienende Gesellschaft hätte wohl den Grundsatz aufstellen müssen, daß das Laster der Strafe *zugeführt* werde. In diesem konkreten Fall darf aber nicht übersehen werden, daß die Freimaurerei auf der Werkmaurerei fußte bzw. mit dieser eng verbunden war. Die damaligen Bauhütten verfügten über eine eigene Rechtsgewalt, woraus sich die Antwort »das Laster zu bestrafen« als logische Folge einer zulässigen Antwort ergeben würde. Später wurde das Frage-Antwort-System in seinen Formulierungen durch die Freimaurerei nicht abgeändert, weil man sich der Tradition verpflichtet sah.

Die Reisen werden für den Gesellen wie folgt erklärt:

»Frage: Wie reisen die Gesellen?

Antwort: Von Westen nach Süden, von Süden nach Norden und von Norden nach Osten.

Frage: Was bedeuten diese Reisen?

Antwort: Daß ein Maurer seinen Brüdern zu Hilfe eilen müsse, wenn sie auch an den äußersten Enden der Erde wären.«

Die Gesellenloge wird ähnlich wie die Lehrlingsloge geschlossen. Der Meister fragt auch in ihr nach dem Alter:

»Wie alt seid Ihr?

Die Antwort lautet: Fünf Jahre.

Frage: Wie ist die Uhr?

Antwort: Mitternacht.«

Die Gesellenurkunde ist jener der Lehrlinge sehr ähnlich. Die Vorschriften besagen, daß man zwei Jahre Geselle zu bleiben habe, aber es gibt, wie ich schon an anderer Stelle erwähnte, Ausnahmen.

Bei der Eröffnung der Loge zur Einweihung eines Meisters folgt nach der bereits genannten Quelle auf die üblichen Fragen der Deckung die …

»… Frage: Bruder Erster Vorsteher, in welcher Absicht versammeln wir uns?

Antwort: In derjenigen, das verlorene Meisterwort wiederzufinden.

Meister: Wenn dem so ist, so begebt Euch, meine Brüder, nach Süden und nach Norden, um alle Meister, die gegenwärtig sind, zu erforschen; vermutlich werdet Ihr von Ihnen das Wort wieder erhalten, das Ihr mir nachher wieder in den Orient bringt.«

Die Vorsteher nehmen nun unter bestimmten Formalitäten von den anwesenden Meistern das heilige Wort in Empfang, und der Meister schreibt nach diesem »Wiederauffinden«, das später bei der Aufnahme in den Meistergrad durch die Zeremonien dargestellt wird, ihnen vor, die Risse zu entwerfen, die den Gesellen als Muster dienen sollen:

»Frage: Mit was sollen wir arbeiten?

Antwort: Mit Kreide, einer Schüssel und Kohlen.

Frage: Was bedeuten diese drei Dinge?
Antwort: Eifer, Mut und Standhaftigkeit.
Frage: Wie alt seid Ihr?
Antwort: Sieben Jahre.
Frage: Wieviel ist die Uhr?
Antwort: Hoch Mitternacht.«

Hierauf beschließt der Meister in der üblichen Formel anzufangen. Jetzt wird der zur Einweihung in den Meistergrad Bestimmte hereingebracht, und es beginnt folgendes Frage-und-Antwort-Spiel:

»*Frage: Wo kommt Ihr her, mein Bruder?*
Antwort: Ich komme aus der mittleren Kammer.
Frage: Was tut man in der mittleren Kammer?
Antwort: Man verehrt darin das Andenken unseres verehrungswürdigen Meisters Adonhiram.«

Der Name Adonhiram, der für die Freimaurer-Legende die höchste Bedeutung hat, wird hier erstmals genannt.

»*Frage: Wie seid Ihr dahin gekommen?*
Antwort: Auf einer Schneckentreppe, die man durch drei, fünf und sieben besteigt.«

Es handelt sich dabei um jene Schneckentreppe, über die auch der Lehrling in die Loge geführt wird. Wie man sieht, erfolgt die Erklärung der Treppe aber erst bei der Aufnahme in den Meistergrad.

»*Frage: Was bedeuten diese Zahlen?*
Antwort: Daß drei Jahre zu einem Lehrling, fünfe zu einem Gesellen, und sieben zu einem Meister gehören.
Frage: Wie hat man Euch aufgenommen?
Antwort: Wie man die Meister unseres Ordens aufnimmt: indem man mir einen Akazienzweig überreichte.«

Ebenfalls zum ersten Mal wird hier ein Emblem erwähnt, das in der Adonhiram-Legende vorkommt und auch sonst in der Freimaurerei häufig Verwendung findet.

Später wird die Frage »Wie seid Ihr als Meister aufgenommen worden?« gestellt, worauf als Antwort zu erfolgen hat: »Indem ich auf dem Grabe unseres verehrungswürdigen Meisters Adonhiram von dem Winkelmaß zum Zirkel überging.«

Diese Antwort bezieht sich auf einen klassischen Satz des Freimaurer-Katechismus:

»Wenn sich ein Freimaurer verliert, wo würdet ihr ihn finden? – Zwischen dem Winkelmaß und dem Zirkel.«

Jetzt hat der neue Meister als Zeugnis seiner Kenntnis des Schlüssels zur Freimaurerei die Zeichen, Worte und Berührungen der drei ersten Grade zu geben, worauf ihn der Meister vom Stuhle bezüglich des Schlüssels fragt:

»Warum tragt Ihr ihn auf Eurer Linken?«

Die Antwort und alles Nachfolgende beruht in den meisten Fällen auf der Adonhiram-Legende, deren Grundzüge hier auch ersichtlich werden. Der neue Meister antwortet:

»Ich will dadurch sagen, daß er (der Schlüssel) in meinem Herzen enthalten ist, worin alle Geheimnisse des Ordens verschlossen sind, und weil es mich an die Stellung erinnert, in welcher man den Leichnam Adonhirams fand, dessen linker Arm ausgestreckt war und dessen rechter ein Winkelmaß formierte, indem er das Brustzeichen vorstellte.

Frage: In welcher Absicht seid Ihr hierher gekommen?

Antwort: Das verlorene Meisterwort zu suchen.

Frage: Wie ging das Meisterwort verloren?

Ritual der Beförderung eines Bruders zum Meister (nach einer Darstellung aus dem 18. Jahrhundert).

Antwort: Durch drei starke Schläge.

Frage: Was bedeuten diese drei starken Schläge?

Antwort: Es sind diejenigen, so unser verehrungswürdiger Meister empfing, als er an der Türe des Tempels durch drei Gesellen ermordet wurde, die ihm entweder das Meisterwort oder das Leben rauben wollten.

Frage: Wie erfuhr man, daß es Gesellen gewesen, welche dieses Verbrechen begangen haben?

Antwort: Durch die allgemeine Zusammenrufung der Werkleute, wobei drei Gesellen fehlten.

Frage: Da aber das Wort verloren war, wie konnte man es wiederfinden?

Antwort: Da die Meister vermuteten, daß Adonhiram ermordet worden, und befürchteten, daß die Angst ihm das Meisterwort möchte abgezwungen haben, so kamen sie miteinander überein, daß das erste Wort, das bei seinem Wiederfinden würde ausgesprochen werden, ihnen künftig zum Merkmale dienen sollte, woran sie einander erkennen könnten; ebenso ging es mit dem Zeichen der Berührung.

Frage: Wieviel Meister wurden zur Aufsuchung Adonhirams ausgesandt?

Antwort: Neune, welche durch die neun Lichter vorgestellt werden.

Frage: Wo fand man den Körper unseres verehrungswürdigen Meisters?

Antwort: Unter einem Schutthaufen von ungefähr neun Kubikschuh, worauf ein Akazienzweig stak.

Frage: Wozu sollte dieser Zweig dienen?

Antwort: Den Verrätern zum Werkzeichen, um den Ort wiederzuerkennen, wo sie den Körper Adonhirams verscharrt hatten, den sie willens waren, an einen entfernten Ort zu bringen.

Frage: Was nahm man mit dem Körper unseres verehrungswürdigen Meisters vor?

Antwort: Salomo ließ ihn in dem Heiligtume des Tempels begraben und einen goldenen Triangel auf sein Grabmal setzen, worauf der Name Jehova eingegraben war, als das alte Meisterwort, welches im Hebräischen das höchste Wort bedeutet.

Frage: Welche Form hatte das Grabmal?

Antwort: Es hatte sieben Fuß in der Länge, fünf in der Breite und drei in der Tiefe.«

Darüber hinaus wird erklärt, daß das Zeichen des Meisters das Zeichen des Schreckens ist.

»Frage: Warum?«

Antwort: Weil es den Schrecken ausdrückt, der die Meister überfiel, als sie den Leichnam Adonhirams gewahr wurden.«

Nachdem dann die »Abgabe« der Worte und der Zeichen erfolgt ist, fragt der Meister vom Stuhle:

»Wodurch wird die Meisterloge unterstützt?

Antwort: Durch drei große und dreieckige Pfeiler, die Weisheit, Stärke und Schönheit heißen.

Frage: Wer nennt sie so?

Antwort: Salomo, Hifram, König von Tyrus, und Adonhiram, der Oberbaumeister des Tempels.

Frage: Warum wird dem Salomo die Weisheit zugeeignet?

Antwort: Weil er diese Gabe von Gott empfing und wirklich der weiseste König seiner Zeit war.

Frage: Warum die Stärke dem Könige von Tyrus?

Antwort: Weil er dem Salomo das Holz und die Materialien zum Tempelbau lieferte.

Frage: Warum die Schönheit dem Adonhiram?

Antwort: Weil er als Oberbaumeister alle Zieraten vorzeichnete, womit dieses prächtige Monument sollte verschönert werden.

Frage: Haben diese drei Säulen nicht noch eine andere Bedeutung?

Antwort: Ja, Verehrungswürdiger: Die Form dieser Säulen bedeutet die Gottheit in ihrem ganzen Inbegriff; die Weisheit ist das Symbol ihrer Essenz; die Stärke die ihrer unendlichen Macht; und die Schönheit deutet auf die Vollkommenheit und Erhabenheit aller ihrer Werke.«

Die nun folgenden Fragen betreffen vor allem die Eigenschaften des Meisters und die Bedeutung der Kleingegenstände der Meisterloge: Evangelium, Zirkel und Hammer.

»Frage: Was bedeuten sie?

Antwort: Das Evangelium bedeutet die Wahrheit, der Zirkel die Gerechtigkeit, und der Hammer, wodurch die

Ordnung erhalten wird, zeigt uns an, daß wir gegen die Lehren der Weisheit folgsam sein sollen.«

Von den weiteren Fragen, die an den zukünftigen Meister gestellt werden, sollen der Übersicht halber an dieser Stelle nur noch einige vorgestellt werden, wobei gleichzeitig die Wiedergabe der Antworten erfolgt:

»Frage: Wie heißt ein Meister?

Antwort: Sabaon, welches der Name des Ortes ist, wo die Israeliten zu Zeiten der Unruhen die Bundeslade hinsetzten.

Frage: Was bedeutet dieses?

Antwort: Daß das Herz eines Mannes rein sein muß, um Gott ein angenehmer Tempel zu sein.

Frage: Wie nennt sich der Sohn eines Maurers?

Antwort: Luwton, ein englisches Wort, so einen Lehrling der Baukunst bedeutet.

Frage: Worin besteht das Vorrecht eines Luwton?

Antwort: Darin, daß er vor allen anderen zum Maurer aufgenommen wird.

Frage: Worauf arbeiten die Meister?

Antwort: Auf dem Zeichenbrett.

Frage: Wo erhalten sie ihren Lohn?

Antwort: In der mittleren Kammer. (Die Lehrlinge erhalten ihren Lohn an der Säule Jachin, die Gesellen an der Säule Boas, Anm. d. Verf.)

Frage: Wie reisen die Meister?

Antwort: Auf der ganzen Oberfläche der Erde.

Frage: Warum?

Antwort: Um das Licht darauf zu verbreiten.

Frage: Wenn Ihr einen Bruder verliert, wie wollet Ihr ihn wieder finden?

Antwort: Zwischen dem Winkelmaß und dem Zirkel.

Aufforderung: Erklärt mir diese Antworten.

Antwort: Das Winkelmaß und der Zirkel sind die Symbole der Weisheit und Gerechtigkeit, von denen ein guter Meister sich nie entfernen soll.

Frage: Was würdet Ihr tun, wenn Ihr Euch in Gefahr befändet?

Antwort: Ich würde das Hilfszeichen machen und ausrufen: Kinder der Witwe, kommt mir zu Hilfe!

Frage: Warum sagt Ihr Kinder der Witwe?

Antwort: Weil nach dem Tode unseres verehrungswürdigen Meisters die Maurer sich seiner Mutter, welche Witwe war, annahmen, deren Kinder sie sich nannten, weil Adonhiram sie immer als seine Brüder betrachtete.

Frage: Wie alt seid Ihr?

Antwort: Sieben Jahr.

Frage: Was bedeutet dieses Alter?

Antwort: Die Zeit, welche Salomo zum Tempelbau brauchte.

Frage: Was ist die Uhr?

Antwort: Hoch Mittag.«

Auf diese Worte hin wird die Loge in ähnlicher Wiese wie bei der Einweihung in einem der ersten zwei Grade geschlossen.

Eine Frage, die mit dem Aufnahmeritual in nur losem Zusammenhang steht, soll hier noch erwähnt werden:

»Wenn ein Profan in die Loge hereinkäme, was würdet Ihr mit ihm machen?

Antwort: Ich würde ihn unter eine Dachrinne stellen, bis er vom Hals bis auf die Füße naß wäre.«

In dieser Antwort klingt eine freimauerische Redewendung an, die viele gelegentlich gehört haben mögen, die in der Regel jedoch nicht beachtet wird. Wenn nämlich ein Freimaurer-Bruder in einem Gespräch mit Nichteingeweihten, also den Profanen, etwas über die Stränge schlägt und zu viel zu sagen droht, mahnt ihn — Anwesenheit vorausgesetzt — ein anderer Maurer mit den Worten: »Es regnet.«

Das Aufnahmeritual für die einzelnen Grade der Johannis-Maurerei wurde, wie bereits mehrfach erwähnt, nach der »Adon-Hiramitischen Maurerey« wiedergegeben. Es versteht sich von selbst, daß aufgrund der Vielzahl existierender Logen gewisse Unterschiede bestehen oder im Laufe der Zeit Änderungen vorgenommen worden sind, im Grundsatz besteht jedoch Einigkeit. Wenn in diesem Buch vor allem die älteren Rituale beschrieben werden, so hat das einen einfachen Grund: Es geht um die Darstellung der Ursprünglichkeit und der Authentizität. Es gibt heute Logen, die sich dem modernen Zeitgeist angepaßt haben, was sie sicherlich nicht von ihrem Ziel abgebracht haben dürfte, wohl aber ein Stück vom Ritus abrücken ließ.

In einem der Frühwerke über die Freimaurerei (»Der zerschmetterte Freimaurer«, 1747) wurden verschiedene Grundrißpläne veröffentlicht, die damals noch auf den Boden der Loge gezeichnet werden mußten. Das auf der nächsten Seite abgedruckte Bild zeigt einen dieser Grundrißpläne, und zwar den der Gesellenloge. Der Weg des Gesellen bei der Aufnahmeprozedur führt die neun Stufen der ersten Treppe (A) hinauf, dann um die dargestellten Säulen Jachin (J) und Boas (B) herum, über weitere vier Stufen zum Allerheiligsten und dann an den unterschiedlichen maurerischen Figuren (Winkelmaß, Becken, Fünfstern, Schlegel, Flamme, Sonne, Halbmond, Zirkel)

Plan einer Gesellenloge.

vorbei, bis er schließlich vor den Meister-Sitz gelangt. Hier muß er dann den Eid ablegen.

Was das Ritual für die Aufnahme in den 4. Grad, den »vollkommenen Meister«, den manche Johannis-Logen haben, angeht, so soll dieses nicht ausführlich dargestellt werden. In dem dazugehörigen Frage-und-Antwort-Spiel geht es hierbei insbesondere um das verloren gegangene Wort, Jehova, wobei sich herausstellt, daß es in Wirklichkeit niemals verloren gegangen ist. Zudem erhält es eine (esoterische) Erklärung: Die Silbe »Je« dokumentiert das Vergangene, »Ho« steht für das Gegenwärtige, und »Va« soll das Zukünftige aufzeigen. Der Name insgesamt steht für die Unermeßlichkeit, das wirkliche Meisterwort.

Der vollkommene Meister gibt an, die Quadratur des Zirkels zu kennen. Wenn er in die Loge geführt wird, so trägt er einen Strick um den Hals. Das Ganze hat nichts mit dem zu tun, was man als Nichteingeweihter zunächst annehmen würde, sondern bedeutet, daß die Maurer über die Prüfungen nicht erröten sollen, denn man will sie dadurch weiter vervollkommnen. In der Loge ist bei dieser Einweihung an der nach Süden gerichteten Tür das Grab Adonhirams dargestellt.

Viel phantasievoller, aber auch dramatischer ging (und geht) es bei den Einweihungszeremonien der Schottischen Maurerei zu, die den Aufzunehmenden – ob absichtlich oder nicht, das sei dahingestellt – mit Angst erfüllen sollten. Allein die schwarze Farbe, die hier vorherrscht, wirkt in dieser Richtung für manchen Neophypten beängstigend. Zudem wird sehr viel mit dem Dolch operiert, dem Symbol der Rache an den Feinden des Ordens, der ein ständiges Ausstattungsdetail bei den Ritualen ist.

In früheren Zeiten wurden die erstaunlichsten und seltsamsten Geschichten über die Rituale der Schottischen Maurerei verbreitet, und manch ein gegen die Freimaurerei eingestellter Autor versuchte seine Kollegen in den Darstellungen zu übertreffen. Eine besondere Rolle spielten vor allem Gehorsamkeitsbezeugungen, etwa dergestalt, daß dem Neophyten eine geladene Pistole gereicht wurde und man daraufhin von ihm verlangte, sich den Lauf dieser Waffe an den Kopf zu setzen und abzudrücken. Freilich war die Pistole präpariert – wenn der Kandidat wirklich abzog, passierte nichts. Daß die Wirkung auf den so Geprüften jedoch eine besondere war, steht außer Zweifel, hatte er doch Todesängste ausgestanden.

Eine solche Prüfungsart gab es schon zu Beginn des 20. Jahrhunderts nicht mehr, doch von ähnlichen wurde immer wieder ausführlich berichtet. Wer z. B. in den 30. Grad aufsteigen wollte, mußte sich einer ziemlich makaberen Prozedur unterziehen. Der Prüfling erhielt einen scharf geschliffenen Dolch, und man erklärte ihm, daß er zum Beweis der Loyalität nun einen Feind der Freimaurerei töten müsse. War er damit einverstanden, so wurde ihm mitgeteilt, daß er das nicht erst in Zukunft, sondern sofort tun solle: Hinter dem schwarzen Vorhang befinde sich das gefesselte Opfer, das nunmehr vom Leben zum Tode zu befördern sei. Die Brüder Stewards zogen daraufhin den Vorhang etwas auseinander, so daß man in dem sichtbar werden Spalt einen nackten Körper sehen konnte, der zu leben schien. Daraufhin sagte man dem Prüfling, und von nun an gab es kein Zurück mehr: »Geh hin und stoß zu!« Der so Befehligte trat in die Nähe des Vorhangs und stach zu, worauf ein entsetzlicher Todesschrei ertönte sowie Blut floß. Die Prüfung galt daraufhin als bestanden, denn der Aufzunehmende in den 30. Grad hatte seinen Gehorsam erwiesen.

Wir wissen heute, nicht zuletzt durch den »Verrat« vieler Schriften, daß bei diesem Ritual nicht wirklich der Mord eines Menschen vollzogen wurde. Vielmehr befand sich hinter dem Vorhang beispielsweise ein gebundener Hammel, der so befestigt und an einer seiner Lenden rasiert war, daß der Prüfling glaubte, er habe es hier tatsächlich mit einem menschlichen Opfer zu tun.

Das Problem in früheren Zeiten war allerdings, vor allem, als das Ritual durch die sogenannten Verräterschriften noch nicht offenkundig geworden war, daß der Aufzunehmende nicht in jedem Falle erfuhr, wen er da »abgestochen« hatte. Viele lebten also in dem festen Glauben, tatsächlich einen Feind der Maurerei aus dem Weg geschafft zu haben, was für den Betreffenden in psychologischer Hinsicht zur Belastung werden konnte, denn sie hatten nicht nur ein »Menschenleben« auf dem Gewissen, sondern es gab dafür sogar noch Zeugen! Aus der Sicht dieser Situation heraus war man also abhängig — und im Falle eines Falles erpreßbar.

Nun ist es eine allgemein bekannte Tatsache, daß solche doch recht unappetitlichen und barbarisch wirkenden Riten auch in den Mysterienbünden der menschlichen Frühzeit gepflegt wurden, wobei vielfach sogar Menschenopfer vorgenommen wurden. Daß aber die (Schottische) Maurerei ausgerechnet solch drastische Auswüchse der damals praktizierten Zeremonien in die Neuzeit übernommen hat, spricht nicht gerade für sie. Eine Organisation, die von sich behauptet, der sittlichen Veredlung des Menschen zu dienen, hätte in den letzten zwei Jahrhunderten derartige Riten vielmehr verbannen müssen! Auch das rituelle Töten von Tieren, selbst wenn es eine jahrtausendealte Tradition haben mag, ist in meinen Augen — ich will hierzu klar Stellung beziehen, auch wenn

Krüge aus sogenanntem Wedgewood-Porzellan, die mit maurerischen Emblemen verziert sind. Der Krug rechts wurde bei einem Aufnahmeritual mit dunklem Porter gefüllt und dem Neuling gereicht. Beim Leeren bemerkte dieser die (grinsende) Kröte am Boden, was meist dazu führte, daß der so geprüfte Kandidat den Krug fallenließ.

Freimaurerische Symboltafel aus dem Frankreich des 18. Jahrhunderts

ich mir hierbei vielleicht keine Freunde mache – nichts anderes als ein Ausdruck von Barbarei und Verachtung der Mitgeschöpfe. *Niemand* hat das Recht, für kultische oder religiöse Handlungen das Blut von Lebewesen zu vergießen. Schon gar nicht diejenigen, die von sich behaupten, anderen moralisch überlegen zu sein.

Natürlich hat es nicht an Versuchen seitens der Schottischen Maurerei gemangelt, das beschriebene Ritual in seinen Auswirkungen zu verharmlosen. Geholfen hat das glücklicherweise wenig. Daß die schottische Hochgradmaurerei ohnehin oft den rechten Ton – im Vergleich zu den postulieren Zielen – vermissen läßt, beweisen auch die offiziell angegebenen Ziele, die mit den jeweiligen Graden verbunden sind. Hier einige Beispiele:

8. Grad: Verbrüderung der Menschheit.

9. Grad: Rache gegen Unwissenheit.

10. Grad: Rache gegen weltlichen Despotismus.

11. Grad: Rache gegen religiösen Despotismus.

18. Grad: Befreiung der Menschen durch Gnostizismus.

21. Grad: Rache gegen die Feinde des Volkes.

26. Grad: Vereinigung des Guten und des Bösen als einzige Möglichkeit, die Harmonie des Weltalls zu erreichen.

31. Grad: Bewahrung der (reinen) gnostischen Lehre.

32. Grad: Organisation der Freimaurerei und ihrer Elemente.

33. Grad: die höhere Kontrolle, um die Erbfolge zu sichern.

Allzuoft ist da von Rache die Rede. Selbst wenn man das Ganze in übertragenem Sinne zu verstehen hat, bleibt ein übler Beigeschmack haften. Die Hochgrad-Freimaurerei braucht sich angesichts dessen nicht über die Feindschaft vieler Einzelpersonen, Gruppierungen oder ganzer politischer Systeme zu wundern. Die Widersprüche und Kritikansatzpunkte sind von ihr vorgegeben!

Das Frage-und-Antwort-System ist bei der Schottischen Maurerei ein anderes als bei der Johannis-Maurerei. So werden einige Gegenstände verwendet, die bei den Johannis-Logen unbekannt sind, wie z. B. der erwähnte Dolch als das Symbol für die Rache. Diese bezieht sich auf die Verräter. Darüber hinaus existiert hier eine Lampe, die als das Licht, das die Finsternis vertreiben soll, zu interpretieren ist. Auch gibt es eine Quelle, damit der Durst gestillt werden kann. Beim Aufnahmeritual lautet die Schlußfrage:

»Warum sind Sie Auserwählter?
Antwort: Um den Tod des Unschuldigen [damit ist Adonhiram gemeint, Anm. d. Verf.] *zu rächen und seine Mörder zu bestrafen.«*

Über diese Rache wird übrigens auch bei der Einweihung in den 10. und 11. Grad gesprochen.

Bei der Einweihung in den 15., 16., 22. und 24. Grad werden für die Realisierung des Rituals zwei Räume benötigt, bei der in den 18. Grad drei, bei der in den 30. Grad, den des Ritters Kadosch, sogar vier.

Beim Aufnahmeritual in den 18. Grad, den sogenannten Rosenkreuzer-Grad, gibt es eine Passage, die vor allem in der Zeit zwischen den beiden großen Weltkriegen des letzten Jahrhunderts die freimauerische Gegnerschaft — und hier besonders die deutschnationalen Kreise — »alarmierte«:

»Frage: Von wo kommen Sie?
Antwort: Aus Judäa.
Frage: Welchen Ort haben Sie durchkreuzt?
Antwort: Nazareth.«

Der Sinn der Passage ist, nach Meinung der Freimaurer-Gegner, vollkommen klar: Der Einzuweihende bekennt sich voll zu Judäa, während das Christentum, markiert durch den Aufenthalt in Nazareth, nur eine Station auf seinem Wege ist. Ich erwähne das, um nachvollziehbar werden zu lassen, weshalb der Führung der Schottischen Hochgrad-Maurerei im Laufe der Geschichte auch immer wieder antichristliche bzw. — während der Zeit des Nationalsozialismus, als man den Einfluß der Juden beseitigen wollte — antideutsche Ziele vorgeworfen wurden.

Die Loge ist bei der Einweihung in den Rosenkreuzer-Grad, den 18., schwarz ausgestaltet. Über dem Altar hängt ein Bild, das drei Kreuze zeigt. Das mittlere trägt die Buchstaben I. N. R. I., die von der Kreuzigung Jesu her bekannt sind. In diesem Falle haben sie aber eine ganz andere Bedeutung als die von Pontius Pilatus auf dem Kreuz aufgebrachte Bezeichnung »Jesus Nazarenus Rex Judaeorum» (»Jesus aus Nazareth, König der Juden«). Diese Bedeutung kann wiederum sehr vielschichtig sein, ich möchte mich an dieser Stelle auf zwei Varianten der Erklärung beschränken. So lautet sie beispielsweise bei den französischen und italienischen Maurern »Igne Natura Renovatur Integra« — »Durch Feuer wird die Natur vollkommen erneuert«. Bei den eigentlichen Rosenkreuzern steht I. N. R. I. für »Ignis Nitri Rosis Invenitur« — »Das Feuer des Salpeters ist in der Rose zu finden«.

Bei der Eröffnung der Loge zur Aufnahme eines Bruders in den 18. Grad müssen nach der Darstellung älterer Quellen die Brüder in schwarzen Kleidern auf dem Boden sitzen, mit dem Ausdruck des Nachdenkens und der Wehklage auf dem zum Zeichen der Trauer gesenkten Gesicht. Der Meister vom Stuhle stellt an den Bruder Aufse-

Die Bedeutung der Adonhiram-Legende

Die Legende, die sich mit dem Bau des Salomonischen Tempels befaßt, nimmt innerhalb der Freimaurerei eine besondere Stellung ein. Sie bezieht sich auf biblische Quellen, denen zufolge König Salomo nach Adonhiram (der auch Hiram genannt wird) schicken ließ, um diesen für ein Tempel-Bauprojekt zu gewinnen, das dem »Herrn« gewidmet werden sollte. Adonhiram galt als geschickter und erfahrener Baumeister, der bestens in die Geheimnisse der damaligen Architektur eingeweiht war. Ihm unterstanden bei seinen Bauvorhaben Lehrlinge, Gesellen und Meister, dieselben Ausbildungs-»Grade« also, die auch später bei der ursprünglichen und weitverbreiteten Johannis-Maurerei Anwendung fanden.

Adonhiram hatte zum Schutz der seiner Arbeit zugrundeliegenden Informationen ein System von Paßworten und Griffen eingeführt, mit denen sichergestellt werden sollte, daß er die am Bau Beschäftigen identifizieren konnte, denn mitunter erreichten die Baumaßnahmen solche Dimensionen, daß es ihm nicht möglich war, alle Beteiligten persönlich zu kennen. Es gab spezielle Paßworte bzw. Parolen und Zeichen für Lehrlinge, Gesellen und Meister. Lehrlinge mußten beispielsweise das Wort »Boas« nennen, das seine Herkunft von einer der zwei großen Messingsäulen hatte, die den Vorraum des Tempels stützten. Die Gesellen identifizierten sich mit dem Wort »Jachin« nach der anderen Säule. Die Meister verwendeten anfänglich das Wort »Jehova«. Diese Paßworte dienten auch dem

Zweck, die Bauleute entsprechend ihrer Ausbildung (Grad) leistungsgerecht zu bezahlen. So sollte sichergestellt werden, daß ein Geselle auch den ihm zustehenden Lohn erhielt und nicht – um ein Beispiel zu geben – den Lohn des Gesellen oder Meisters bekam.

Es gab allerdings schon damals Menschen, die diese Regelungen zu unterlaufen versuchten und durch Betrug mehr Geld für ihre Arbeit erlangen wollten. Eines Tages näherten sich Adonhiram, der gerade beim Gebet war, drei Gesellen, die von ihm das Meisterwort erpressen wollten. Der Baumeister weigerte sich, das Wort zu verraten und wurde von den drei Gesellen mit drei Schlägen so schwer verletzt, daß er kurz darauf bei der östlichen Tempeltür verstarb.

Die drei Mörder versuchten daraufhin alle Spuren ihrer Tat zu beseitigen und vergruben die Leiche des Meisters bei einem in der Nähe befindlichen Hügel. Um das Grab zu tarnen, entwurzelten die drei Gesellen einen in der Nähe befindlichen Akazienschößling und steckten ihn in das Grab.

Selbstverständlich blieb das Verschwinden Adonhirams nicht unbemerkt. Neun seiner Meister begannen nach ihm zu suchen. Durch einen Zufall entdeckten sie das Grab ihres Vorgesetzten. In der Folge fanden die Neun auch die drei Gesellen, die für ihre Tat bestraft wurden. Adonhiram wurde nach seinem Tot von seinen Meistern zu Grabe getragen, wobei diese allesamt Schurze und Handschuhe aus weißem Leder trugen, um zu demonstrieren, daß keiner von ihnen seine Hände bzw. seinen Körper mit Blut befleckt hatte.

her die übliche Frage nach der Zeit und erhält diesmal die Antwort:

»Es ist jetzt die erste Tagesstunde und dieselbe Minute, in welcher der Vorhang des Tempels entzwei riß, in welcher Finsternis und Verzweiflung die ganze Erde bedeckten, das Licht erlosch, das Werkzeug der Freimaurer zerbrach und der flammende Stern verschwand.«

Daraufhin wird dem Einzuweihenden erklärt, daß Adonhirams Wort in dem Moment verloren ging, als Jesus am Kreuz starb. Jesus wird daher als Verursacher dieses Unglücks für die Freimaurerei hingestellt. Nun hat der Prüfling die Inschrift I. N. R. I. zu lesen und Jesus als den Verbrecher zu bezeichnen, der Fluch und Hinrichtung verdient hat. Dann ruft der Meister vom Stuhl:

»Brüder, nun haben wir das verlorene Wort gefunden!«

Ein Schotten-Hochgrad-Freimaurer-Teppich, der auf der folgenden Seite abgebildet ist, zeigt einen auferstandenen Freimaurer in einem Sarg, der von Akazienblättern umrankt wird. Die vier Figuren in den Ecken symbolisieren: Großmut (dargestellt durch den Löwen), Nachahmungssucht (der Affe), Klugheit (der Fuchs) und Schnelligkeit (der Sperber).

Derartige Teppiche sind in unterschiedlichster Form und Ornamentik nachzuweisen. So existiert beispielsweise ein Schotten-Hochgrad-Teppich (30. Grad), auf dem als wesentliche Elemente u. a. ein Pentagramm, neun Leuchter (das sind neun Meister, die in der Adonhiram-Legende auftauchen), ein Spürhund, eine Höhle mit dem flammenden Dornbusch der Bibel, in dem Jehova seinem Diener Moses erschien, und eine Quelle zu erkennen sind. In der erwähnten Höhle ist eine Leuchte zu sehen, daneben

Teppich der schottischen Hochgrad-Maurerei.

der Dolch, der der Rache dient. Auf dem Teppich sind auch zwei Buchstaben eingewebt worden: N. M. Diese werden als »Nekam Molay« gelesen, was in deutscher Übersetzung soviel wie »Rache für Molay«, also den Großmeister des Templerordens, heißt.

Bei der Einweihung in den 30., den Ritter-Kadosch-Grad, sind, ich schrieb es bereits, vier Zimmer für die Realisierung des Rituals vonnöten. Es gibt zwar auch anderslautende Darstellungen, die von nur drei Zimmern ausgehen, doch diese sollen an dieser Stelle nicht weiter beachtet werden.

Das erste Zimmer wird schwarz ausgekleidet, das zweite weiß, das dritte blau und das vierte rot. Zu Beginn des mehrstündigen Procederes wird mit Einzuweihenden mitgeteilt, daß Adonhiram zwar wirklich gelebt hat und daß es heilige Maurerpflicht ist, seinen Tod zu rächen, daß aber die um ihn herum kreisende Legende, die er bei der Aufnahme in den Meistergrad mitgeteilt bekam, reine Erfindung gewesen ist. Das übliche Frage-und-Antwort-Spiel läuft dann u. a. wie folgt ab:

»*Frage: Suchest du etwas anderes?*
Antwort: Rache.
Frage: An wem?
Antwort: An allen weltlichen und geistlichen Tyrannen.
Frage: Wo bist du niedergefallen?
Antwort: Im Grabe unseres ermordeten Großmeisters.
Frage: Was hast du zertreten mit den Füßen?
Antwort: Königliche Kronen und päpstliche Tiaren.
Frage: Warum bist du Kadosch?
Antwort: Um zu vernichten mit allen Mitteln, ohne Waffenstillstand und Ruhe jede Ungerechtigkeit und jede Unterdrückung.«

Dieses Gemälde aus dem »Grand Orient de France« soll die Prinzipien der Französischen Revolution (Freiheit – Gleichheit – Brüderlichkeit) und den freimaurerischen Sieg über Altar und Thron versinnbildlichen. Das Einweihungsritual des Kadosch-Grades in der schottischen Maurerei bestätigt diesen Zusammenhang.

Der Kadosch-Aspirant verpflichtet sich im Verlaufe des weiteren Dialogs, »alle Vorrechte, gleichviel, ob sie dem Reichtum, der Stellung oder der Müßigkeit entspringen, sie gleichzeitig sie liebend und hassend, achtend und verachtend, aufs äußerste zu bekämpfen«.

Die vier Zimmer haben bei der Einweihung zum 30. (Kadosch-)Grad noch eine besondere Funktion zu übernehmen. In ihnen verkörpert der amtierende Meister vom Stuhle nämlich jeweils eine besondere Gestalt der maurerischen Geschichte bzw. Legende. Zwar ist ähnliches auch schon bei niedrigeren Graden Bestandteil des Rituals der schottischen Maurerei, doch hier werden die personalen Größen der Maurerei symbolisch dargestellt. Es sind dies im ersten Raum der Templer Jakob de Molay, im zweiten Zoroaster, im dritten ein Richter der deutschen Feme des 17. Jahrhunderts und im vierten kein geringer als der Preußenkönig Friedrich der Große. (Die drei erstgenannten Persönlichkeiten sind im schottischen Maurerritual unwidersprochen. Im Falle Friedrich II. allerdings gab es Versuche, seine Figur durch eine andere zu ersetzen, was auf einem der zahlreichen Kongresse der Freimaurer in Lausanne, Frankreich, im Jahre 1875 erstmals versucht wurde.)

Vom 30. Grad an muß der Freimaurer nach der Behauptung einiger Autoren ein Kreuz im Stiefel oder Schuh tragen, um es »für immer mit dem Fuße zu treten«.

Einen besonderen Ritus bei der Einweihung in den Kadosch-Grad beschreibt der Russe Alexander Filosofow in seinem Werk »Die Enthüllung des großen Geheimnisses der Freimaurerei«, das – obwohl schon 1863 verfaßt – erst im Jahre 1909 in Moskau publiziert wurde. Nach Filosofow findet die Aufnahme in den Grad in einem schwarz verhüllten, verdunkelten Raum statt, in dessen hinterem Bereich man eine Art Grotte oder Höhle aufgebaut hat. Diese ist ringherum mit Baumzweigen bedeckt und stellt nach Filosofow eine altjüdische Begräbnisstätte dar. In ihr hockt eine menschliche Figur mit langen Haaren, deren Kopf auf den Rumpf allerdings nur aufgesetzt ist. In unmittelbarer Nähe der Höhle steht ein Tisch, daneben ein Hocker und gegenüber ein Transparent, das eine mit einem Dolch bewaffnete Hand darstellt. Darüber befindet sich ein Schriftzug: »Rache!«

Auf dem Tisch steht eine Schale, auf dem Hocker liegt ein großer Dolch. Im gegenüberliegenden Teil des Raumes fließt eine Quelle.

Der zu Befördernde wird nun von dem Aufseher mit verbundenen Augen in den Raum geführt. Er muß sich auf dem Hocker niederlassen und mit dem Arm auf dem Tisch den Kopf in eine Hand stützen. In dieser Positur auf die weiteren Dinge, die da kommen werden, wartend, sagt der Aufseher-Bruder dann:

»Verändere, mein Bruder, diese Stellung nicht, bis nicht drei Hammerschläge erschallen. Diese drei Schläge sollen für dich das Zeichen sein, daß es an der Zeit ist, die Augenbinde abzulegen. Befolge genau meine Weisungen, sonst wirst du niemals in die Loge der auserwählten Meister aufgenommen werden.«

Nach den Darstellungen Filosofows sind die drei Hammerschläge als die symbolische Vernichtung des sogenannten schädlichen Elements, nämlich der geistlichen, weltlichen und militärischen Macht, zu interpretieren.

Nach den aufgezeigten Worten geht der Bruder Aufseher für einige Minuten fort, wobei er kräftig die Tür hinter sich zuschlägt, und überläßt den zu Befördernden allein dem Nachdenken. Nach einiger Zeit hört er schließlich die drei Hammerschläge. Der Neophyt legt daraufhin die Augenbinde ab und hat nun Zeit, sich im Raum umzusehen. Jetzt tritt, mit strengem Gesichtsausdruck, der Aufseher ein und sagt:

»Werde mutiger, Bruder! Siehst du dort die Quelle? Nimm diese Schale, schöpfe aus ihr und trinke! Denn dir steht viel Arbeit bevor!«

Nachdem der Neophyt durch das Trinken aus der Quelle sich auf die vor ihm liegenden Aufgaben vorbereitet hat, spricht der Bruder Aufseher weiter zu ihm:

»Nimm hier das Windlämpchen, bewaffne dich mit diesem Dolch, betritt damit den Grund der Höhle und stoß dort alles nieder, was du vorfindest oder was sich dir zu widersetzen wagt! Verteidige dich, räche dich und werde wert, erwählt zu werden!«

Mit dem Dolch in der rechten Hand und mit der Lampe in der linken, geht der Kandidat nun unter Begleitung des Bruders Aufseher zur Höhle. Der Aufseher deutet auf die Figur mit dem aufgesetzten Kopf, dessen Trennung vom Körper nach Filosofow die bereits eingetretene Trennung der christlichen Welt von den verfallenen, überlebten herrschenden Hierarchien versinnbildlicht, und ruft dann laut:

»Triff! Räche Adonhiram!«

Ist das »Gemetzel« vollbracht, sagt der Bruder Aufseher:

»Laß jetzt das Lämpchen hier! Nimm den Kopf bei den Haaren, hebe den Dolch hoch und folge mir!«

Nach dieser »blutrünstigen« Prozedur beginnt die Feier, welche die Erhebung die Beförderung in den 30. Grad würdigen soll. Filosofow, das sei der Vollständigkeit halber vermerkt, meint indes, daß hinter dieser Feierlichkeit mehr steckt. Er weist darauf hin, daß hier der Triumph des alttestamentarischen Judentums über die Leblosen, womit die christliche Welt gemeint sei, vollzogen würde. Dieser Triumph soll dann in einem zweiten Teil der Einweihung durch das Opfer von Brot und Wein nach dem sogenannten Melchisedek-Ritus dargestellt werden. Hierzu gibt es einen bibelgeschichtlichen Bezug: Das Opfer des Melchisedek fand statt, als Jehova Abraham nach dessen Sieg über die verbündeten Könige alle seine Feinde übergab.

Filosofow schreibt über den Melchisedek-Ritus:

»Dieser Ritus hat bei den Freimaurern eine ganz besondere Bedeutung, die das tiefste Geheimnis bleibt. Er bedeutet erstens, daß die schweren Prüfungszeiten für die Kinder Israels vorüber sind, daß Jehova, der Rächer, sich mit seinem Volke versöhnt hat und daß er blutige Opfer nicht mehr braucht. Zweitens drückt er die Apotheose

[= Verherrlichung, Anm. d. Verf.] *der Kämpfer der Freimaurerei aus, die ihren vielhundertjährigen Kampf mit einem Siege über ihre Feinde, die Christen, und mit der Befreiung ihres Brudervolkes, der Juden, aus der politischen Gefangenschaft abgeschlossen hat.*«

Wenden wir uns abschließend noch einigen Eigenheiten der Schottischen Maurerei bei der Aufnahme in den 33. Grad zu. Der Autor Luigi Ranieri schrieb in seinem Buch »Die Loge – Macht und Geheimnis der Freimaurer« (4. Auflage, Bergisch-Gladbach 2001):

»*Die Zeremonie ist schmucklos und nüchtern. Zum letzten Mal begleitet der Zeremonienmeister einen Kandidaten, der barfuß, mit auf der Brust gekreuzten Armen und einem Seil um den Hals erscheint, zum Tempel. Dort wiederholen sich Reisen und Prüfungen, die an die erste Einweihung des Lehrlings erinnern, doch diesmal finden sie auf einer höheren Bewußtseinsebene statt. Der Kandidat erkennt, weiß und vollbringt Handlungen ›des Mutes und auch der Selbstverleugnung‹, leistet das Gelöbnis auf das Heilige Buch und das Schwert, danach wird er feierlich geweiht und eingesetzt.*«

Diese »Hinweise« sind herrlich unkonkret. Vielleicht versteht meine Leserschaft nun, warum ich bei der Beschreibung der Geschichte und der Rituale der Freimaurerei bisher vorwiegend ursprüngliche, also alte Quellen vorgestellt habe. Nun, das Ritual des 33. Grades unterscheidet sich nicht wesentlich von dem des Kadosch-Grades. Hierbei wird ein Leuchter besprochen, der eine merkwürdige Form aufweist: Fünf Arme sind nach Westen gerichtet, drei nach Osten, einer nach Norden und zwei nach Süden. Dieses Zahlen»mysterium« soll das Jahr 5312 nach maurerischer Zählung wiedergeben, was nach unserer Zeitrechnung das Jahr 1312 ist – das Jahr, in dem der Templerorden zerschlagen wurde.

Innerhalb des Rituals gibt es beim Frage-Antwort-Zeremoniell zudem noch eine Passage, die von den Gegnern der Freimaurerei, vor allem klerikalen Kritikern und bis 1945 national(sozialistisch)en deutschen Kreisen, gnadenlos für ihre Argumentation, die Freimaurerei sei Feind der Nationen und vor allem des Christentums, ausgenutzt wurde. Auf die Frage »Was saht Ihr, als Ihr zuerst in den Obersten Rat eintratet?« muß der zu Befördernde antworten: »Den großen und unaussprechlichen Namen des allmächtigen Gottes Israels.«

Dieser große und unaussprechliche Name des allmächtigen Gottes Israel lautet Jahwe (Jehova). Die von mir genannten klerikalen wie konservativen bzw. faschistischen Kräfte behaupteten aufgrund der zitierten Antwort, daß der Hochgrad-Freimaurer im 33. Grad den Juden, was seine Handlungen angehe, geradezu *verpflichtet* sei und demzufolge nur der verlängerte Arm ihrer Tätigkeit wäre.

Dem ist allerdings entgegenzuhalten, daß in der ursprünglichen Bedeutung des Rituals ein solcher Zusammenhang keineswegs beabsichtigt gewesen sein muß, sondern erst im Laufe der Zeit *hineininterpretiert* wurde. Freilich bin ich mir der Tatsache bewußt, daß mein Einwand wenig an den festgefahrenen Positionen ändern wird. Die Freimaurer werden weiterhin behaupten, unabhängig zu wirken, während ihre Gegner – wenn auch nicht mehr so laut wie früher – behaupten werden, die Maurerei arbeite an einer langfristig angelegten Verschwörung gegen die konservativen Werte unserer Gesellschaft.

Erkennungszeichen

In der überarbeiteten und erweiterten Neuauflage mit dem Stand des Jahres 2000 des erstmals 1932 herausgegebenen »Internationalen Freimaurer Lexikons« heißt es zum Thema der Erkennungszeichen:

»aus den alten Zunftgewohnheiten übernommene Einrichtung der Freimaurerei. Sie werden dem einzelnen Freimaurer bei der Weihe gegeben, um ihn als solchen vor anderen zu legitimieren. Sie gliedern sich in Zeichen, Worte und Griffe (auch Klopfen und Losung), sind in den einzelnen Graden verschieden und haben symbolischen Charakter, der mit der Gesamtsymbolik der Freimaurerei im Zusammenhang steht. Durch zahllose ›Verräterschriften‹ heute allgemein bekannt, haben sie ihren Wert eingebüßt. Die Kenntnis der E. beweist daher noch nicht, daß der Zeichengebende tatsächlich Freimaurer ist.«

Das ältere »Freimaurerlexikon«, das von Gaedicke verfaßt wurde, formuliert das Ganze etwas anders und läßt uns zu den Erkennungszeichen folgendes wissen:

»Wo sich Brüder auch treffen, in welcher Weltgegend dies auch sei, ob sie sich durch die Sprache verständigen können oder nicht, ob es Tag oder Nacht, ob einer stumm und der andere blind sei: sie können sich dennoch als Brüder erkennen. Die Erkennungszeichen sind so betrachtet eine allgemeine Sprache, und sie werden jedem Maurer bei seiner Einweihung mitgeteilt. Zeichen und Griff können so unmerklich gegeben werden, daß sie von Tausenden, welche um mehrere Maurer stehen, nicht bemerkt werden. Das Wort zu erteilen, ist schon etwas schwieriger, da es nicht mit einem Male ausgesprochen, sondern buchstabiert werden muß. Durch den Griff kann man sich also

dem Blinden zu erkennen geben, durch das Zeichen dem Stummen und durch das Wort und den Griff bei Nacht.«

So geheimnisvoll aber auch mit dem Zeichen getan wird, sie sind längst kein Geheimnis mehr. Ursprünglich sollten die Zeichen und Rituale der »geschlossenen Gesellschaft« natürlich in ihrer Bedeutung verborgen bleiben, so wie das innerhalb der Bauhütten-Vereinigungen größtenteils über Jahrhunderte hinweg auch tatsächlich gelungen war. Es gab jedoch nach der Zunahme freimaurerischer Logentätigkeit in vielen Nationen der Erde überall Personen, die hinter die Kulissen blickten oder – aus Enttäuschung über die Freimaurerei – den Geheimnisverrat pflegten. Sogenannte »Verräterschriften« kursierten bald in größerer Zahl in der Öffentlichkeit und berichteten über das, was eigentlich unter dem Deckel bleiben sollte. Aufgrund dieser Tatsache haben die Zeichen und Rituale an ihrer ursprünglichen Bedeutung für die Nichteingeweihten verloren. Die wichtigsten von ihnen sollen dennoch nachfolgend beschrieben werden.

Die Zeichen der ersten vier Grade wurden bereits von den von mir bereits mehrfach genannten Werken »Adon-Hiramitische Maurerey« von 1786 und »Der entdeckte Freimaurer« offenbart.

Das Lehrlingszeichen stellt sich wie folgt dar: Man streckt den rechten Arm aus, führt nun die Hand zurück und legt sie an die Kehle. Man zieht sie anschließend in der ganzen Länge gegen die Schulter und läßt sie in gerader Linie sinken. Dieses Zeichen wird Halszeichen genannt (siehe Seite 65). Es bedeutet, daß man sich eher den Hals abschneiden lasse, als Nichteingeweihten die Geheimnisse der Freimaurerei zu verraten.

Das Zeichen der Gesellen funktioniert wie folgt: Man

streckt die rechte Hand zunächst ganz in Richtung des Schenkels aus, um sie dann wieder aufzuheben und sie gerade zum Herz zu führen. Diese Brustzeichen genannte Erkennungsmethode bedeutet, man werde die Geheimnisse der Maurerei in seinem Herzen bewahren und sich dieses lieber herausreißen lassen, als irgend etwas den Profanen zu verraten.

Das Meisterzeichen wird wie folgt beschrieben: Man hebt die Hand bis in Höhe des Kopfes, legt den Daumen auf die Stirn (siehe Seite 65) und fährt anschließend langsam in Richtung Magen hinunter. Dieses auch Bauchzeichen genannte Symbol weist auf den Schwur hin, man werde sich die Eingeweide herausreißen lassen, wenn es zum Verrat von Ordensgeheimnissen kommt.

Der vierte Grad, der des vollkommenen Meisters in der Johannis-Maurerei, verfügt über ein größeres Zeichenspektrum: es sind insgesamt vier an der Zahl. Die »Adon-Hiramitische Maurerey« erklärt hierzu:

»Das erste wird gemacht, indem man die Hand ausstreckt, als wenn man sie auf das Evangelium legen wollte, wodurch die Sicherheit unserer Verbindung symbolisch vorgestellt wird; das zweite besteht darin, daß man die Hand auf die linke Brust, als Brustzeichen, legt, um uns zu erinnern, daß wir unsere Geheimnisse immer im Herzen behalten müssen; das dritte wird gemacht, daß man die rechte Hand ausgestreckt aufhebt, um anzudeuten, daß wir unseren Brüdern helfen und beistehen sollen, und die Augen, so wir gen Himmel erheben, zeigen uns, daß wir die Wirkungen der Vorsehung bewundern und verehren sollen. Das vierte endlich, wo man mit dem Zeigefinger auf die Erde deutet, zeigt an, daß jeder Mensch aus ihr entstanden und wieder dahin zurückkehren muß.«

Diese Zeichen galten in der gesamten Johannis-Maurerei. Es gab jedoch auch hierbei Abweichungen. Bei den sogenannten Martinisten, einer »modernen« Abart der Freimaurerei, wurden beispielsweise folgende angewendet: Beim ersten Grad: Man streicht mittels der rechten Hand die rechte Augenbraue glatt, und zwar von der Nase in Richtung Schläfe. Beim zweiten Grad streicht man mit der flachen rechten Hand die Haare vom Hinterkopf zum Scheitel. Das dazugehörige Antwortzeichen macht dieselbe Bewegung, benutzt dafür allerdings die linke Hand. Beim dritten Grad legt man die Hand waagerecht auf die Brust, und zwar so, daß der zur Seite gebogene Daumen zusammen mit dem Zeigefinger einen rechten Winkel bildet. Das Anwortzeichen wird gebildet, indem man die flache Hand senkrecht auf die Brust legt, wobei man dabei den Daumen zwischen den Knöpfen der Weste verschwinden läßt.

Der Maurer muß zudem, wenn er sich als solcher zu erkennen geben will oder gar muß, »im Zeichen stehen«, d. h. seine Füße müssen ein Winkelmaß bilden, indem die Schuhabsätze zusammengestellt und auch die Füße im rechten Winkel zueinander gestellt werden.

Auch wenn diese Zeichen seit vielen Jahrzehnten zumindest bei den interessierten Nichtfreimaurern bekannt sind, so hatten sie früher durchaus ihren Zweck. Während der Französischen Revolution von 1789, die unter freimaurerischer Beteiligung lief, wurde beispielsweise sehr darauf geachtet, daß Freimaurer nicht ihre eigenen Brüder ins Jenseits beförderten. Der Henker, der Name des berüchtigten Sanson ist in diesem Zusammenhang allgemein bekannt geworden, hatte sich vor den Opfern als Freimaurer zu erkennen zu geben, natürlich so, daß es nur Maurer bemerken konnten. Dazu hatte der Henker diejenigen, die vom Leben zum Tod befördert werden sollten, mit einem speziellen Griff zu fassen. Wer darauf entsprechend reagierte, wurde – verschiedenen Quellen zufolge – sofort freigelassen.

Die Schottische Maurerei hat das Zeremoniell, das mit den Erkennungszeichen verbunden ist, gegenüber der Johannis-Maurerei wesentlich weiterentwickelt. Neben dem System der Erkennungszeichen, das man staffelte, und in einfache, zweifache und dreifache unterteilte, schuf man noch das der Ordnungszeichen. Dasselbe geschah mit den Griffen oder Berührungszeichen. Es gibt 33 Erkennungszeichen, 33 Ordnungszeichen und zwölf doppelte und dreifache Kontrollerkennungszeichen, die an dieser Stelle schon allein aus Platzgründen nicht alle ausführlich erläutert werden können. Es sollen daher nur einige Beispiele, stellvertretend für alle, herausgegriffen werden.

Das Ordnungszeichen des 5. Grades verlangt, daß man die Hände und Augen zum Himmel erhebt. Das Erkennungszeichen dieses Grades besteht in der Wiederholung dieser Bewegungen, wobei dann aber anschließend die Hände auf den Bauch gelegt werden und die Augen zur Erde gerichtet werden müssen. Das Kontrollerkennungszeichen für diesen Grad ist, daß man die Fußspitzen und die Knie langsam zusammenbringt, die rechte Hand auf das Herz legt und sie waagerecht zurückzieht, so daß sie schließlich ein Winkelmaß bildet.

Beim 18. Grad, dem Rosenkreuzer-Grad, funktioniert das Ordnungszeichen folgendermaßen: Man kreuzt die Arme auf der Brust, wobei der linke Arm über dem rechten liegen muß. Die Hände sind ausgebreitet, die Augen zum Himmel gerichtet. Das Erkennungszeichen dieses Grades besteht darin, daß man die rechte Hand erhebt und mit zurückgebogenem Zeigefinger in Richtung des

Himmels deutet. Bei der Antwort auf ein solches Zeichen erfolgt derselbe Ablauf, nur, daß man mit dem Zeigefinger zur Erde deutet.

Beim Ordnungszeichen für den 24. Grad hält man die rechte Hand offen vor die Augen, während man die linke offen auf die Brust legt. Dann bilden die beiden Arme einen rechten Winkel.

Beim 33. Grad ist kennzeichnend, daß man dreimal die Klinge seines Degens küßt, der für diesen Grad (aber auch schon niedrigere) zur Standardausrüstung bei rituellen Zusammenkünften gehört.

Was nun die Worte der Freimaurerei anbetrifft, so sind diese zu unterscheiden in »heilige Worte« und »Paßworte«. In der Schottischen Maurerei gibt es zudem noch doppelte und dreifache Paßworte, manchmal sogar noch besondere »Erkennungsworte«, wie z. B. beim 7. Grad »Géomètres«.

Die heiligen Worte werden nicht einfach ausgesprochen, wie dies ein Profaner tun würde, sondern sie müssen buchstabiert werden. In der Schottischen Maurerei sind diese heiligen Worte zum Beispiel folgende:

1. Grad – Bohaz
2. Grad – Jakin
3. Grad – Mahabone
4. Grad – Jod Adonai Jvah
5. Grad – Jehova
6. Grad – Jvah
7. Grad – Jakinai

.

11. Grad – Adonai
12. Grad – Adonai
13. Grad – Jehova
14. Grad – Jehova

.

18. Grad – I. N. R. I.

.

23. Grad – Jehova
24. Grad – Jehova

.

27. Grad – I. N. R. I.

Die dazugehörigen Paßworte sind, folgt man dabei den Darstellungen des Werkes »Der entdeckte Freimaurer« in bezug auf die schottische Maurerei, in auszugsweiser Form diese:

– für den 1. Grad: nicht existent
– für den 2. Grad: Schibboleth
– für den 3. Grad: Tubalkain
– für den 4. Grad: Zizon.
– für den 25. Grad: I. N. R. I.
– für den 32. Grad: Begohal-Kol
– für den 33. Grad: De Molay (oder auch Hiram Abi)

Das zweifelsohne wichtigste Zeichen, das jeder Freimaurer kennen und beherrschen muß, weil es ihm im Gefahrenfall das Leben retten kann, ist das sogenannte große Not- oder Hilfszeichen. Ganz früher durfte es erst ab dem dritten Grad gelehrt werden, seit dem Ende des 19. Jahrhunderts wurde es jedoch auch den untersten Graden bekannt gemacht. Mit diesem großen Notzeichen hat es eine ganz besondere Bewandtnis: Es verpflichtet jeden Freimaurer, demjenigen, der es zeigt, zu Hilfe zu kommen. Diese Pflicht zur Hilfe steht dabei über allen sonstigen Verpflichtungen (gegenüber dem Staat, der Kirche, dem Eid auf das Vaterland im Kriegsfall etc.), was logischerweise zu den von den Gegnern der Freimaurerei oft behaupteten Tätigkeit der Freimaurerei als »Staat im Staate« geführt hat. Der Bruder muß also nötigenfalls die Belange seines Landes, selbst die Interessen seiner Nation im Kriegsfall gegen einen beliebigen Gegner zurückstellen, was ihm logischerweise den Vorwurf des Verrats einbringt. Es versteht sich von selbst, daß die Freimaurerei den Tatvorwurf des Landesverrates im Zusammenhang mit dem großen Notzeichen immer wieder bestritten hat.

Das große Notzeichen besteht aus zwei Teilen: dem gesprochenen Wort und einem markanten Zeichen, das mit dem Körper gezeigt wird. Der zu sprechende Satz lautet »Zu mir, Ihr Kinder der Witwe«, während die Bewegung sich so beschreiben läßt: Der in Not Geratene faltet die Hände über dem Kopf mit der Handfläche nach oben zusammen, wobei er nach Möglichkeit die Finger ineinanderflechten sollte.

Das große Notzeichen in zwei Darstellungen.

In der schottischen Freimaurerei gibt es, wie könnte es anders sein, wiederum einige Unterschiede. Die zu sprechende Formel für das Notzeichen wird nicht in der Muttersprache verwendet, sondern man benutzt hier die originale hebräische Formulierung »Elai, b'ne al'manah«, ab dem 26. Grad »Elai, b'ne emeth!«, was zu deutsch heißt: »Zu mir, Ihr Kinder der Wahrheit!«

Obzwar das große Notzeichen auch in der Schottischen Maurerei als allgemeinverbindlich gilt, gibt es dennoch bei den Hochgraden Unterschiede für einige bestimmte Grade. Gerät z. B. ein Bruder des 18. Grades in Gefahr, so muß er den rechten Fuß so hinter den linken stellen, daß die Beine unten ein Kreuz bilden. Beim 26. Grad kreuzt man die Arme mit den Handflächen nach außen und hält sie über den Kopf. Beim 32. Grad werden die verschlungenen Hände mit den nach außen gerichteten Handflächen so vor die Stirn gelegt, daß der linke Arm auf der Brust den rechten kreuzt. Natürlich sind solche speziellen Notzeichen ein Problem: ein Freimaurer, der nicht über die Hochgrad-Notzeichen der Schottischen Maurerei Bescheid weiß, wird im Gefahrenfall dem Zeichengebenden keine Hilfe leisten, sondern ihn einfach seinem Schicksal überlassen.

Daß das große Notzeichen in der Vergangenheit vielen Brüdern das Leben gerettet hat, insbesondere während kriegerischer Auseinandersetzungen, die im 18., 19. und bis Mitte des 20. Jahrhundert in Europa tobten, kann nicht ernsthaft bestritten werden. Ich möchte an dieser Stelle nur ein Beispiel aufzeigen, das für sich selbst spricht und das dokumentiert, daß das Notzeichen auch dann Anwendung fand und Wirkung zeigte, wenn damit – im Sinne der bestehenden Gesetzgebung der einzelnen europäischen Nationen – Befehlsverweigerung oder Verrat verbunden war. Freilich hat in bezug auf das Notzeichen die Freimaurerei immer wieder geäußert, daß mit ihm kein

Befehl unterlaufen werde. So behauptete z. B. die deutsche Freimaurerei von sich, das große Notzeichen niemals unter Verletzung der vaterländischen Pflichten angewendet zu haben. Wenn auch die Vertreter freimaurerischer Organisationen mancher Länder in dieser Hinsicht Ausnahmen gebildet haben mögen, so konnte die Freimaurerei als Gesamtheit diese Behauptung jedoch nicht für sich in Anspruch nehmen, im Gegenteil: Es gab mehr als genug Beispiele, in denen sich zeigte, daß die »vaterländischen Pflichten« nur zweitrangige Bedeutung hatten.

Das Beispiel, das ich zu nennen versprach und in dem militärische Befehle unterlaufen wurden, wurde sogar in der französischen Freimaurer-Zeitung »Le Franc-Maçon« (August 1860) unter dem Titel »Trafalgar oder die Macht des Großen Notzeichens« ausführlich dargestellt:

»Das Notsignal zur See wurde auf eine militärische Weise in der Seeschlacht bei Trafalgar am 21. Oktober 1805 benützt. Die französische Flotte mußte vor der Genealität Nelsons die Segel streichen und kämpfte mit unerhörter Erbitterung. Nelson hatte befohlen, kein Pardon zu geben. Die beiderseitigen Schiffe waren einander so nahe gerückt, daß die Seefläche nur mehr ein festes Schlachtfeld für den schauerlichen Kampf war. Jeder Fußbreit mußte mit Hunderten von Verwundeten und Toten erkämpft werden. Mitten im Kampf versuchten mehrere Franzosen, die eben in die See gestoßen werden sollten, ihr Glück im Notsignal. Es gelang. Hundertundsechzig Franzosen entrannen so dem sicheren Tode.«

Wie immer man über den Wahnsinn des Krieges und die glückliche Rettung von Menschenleben denken mag, es kann nicht in Abrede gestellt werden, daß die Franzosen nur deshalb überlebten, weil sie Freimaurer waren, während alle anderen »normalen« Menschen ihr Leben lassen mußten. Es ist ein erbärmliches Zeichen von Humanität, wenn sie nur demjenigen gewährt wird, der zu einem auserwählten Kreis von Eingeweihten zählt!

Der Befehl Nelsons, kein Pardon zu geben, war mit dieser Tat eindeutig unterminiert worden, denn auf seinem Flaggschiff wehte das Flaggensignal: »England erwartet, daß jeder Mann seine Pflicht tut.« Angesichts der Tatsache, daß gerade auf britischen Kriegsschiffen bei den geringsten Vergehen drakonische Strafen gegen den oder die Deliquenten verhängt wurden, muß es sehr verwundern, daß all diejenigen, die den Befehl ignorierten, nach der Schlacht nicht vor ein Kriegsgericht gestellt wurden. Hatten hier internationale Interessen über die nationalen gesiegt?

Zum Schluß sei noch vermerkt, daß es neben dem grossen Notzeichen auch noch eine andere Möglichkeit gibt, auf eine große Gefahr hinzuweisen. Es ist die sogenannte Notflagge: auf blauem Grund sind auf ihr das Winkelmaß und der Zirkel abgebildet. Ein Zeichen, daß sich Brüder in Not befinden, kann aber — bei Fehlen der Notflagge — auch durch ein Verkehrt-Herum-Hissen einer beliebigen Landesflagge bzw. durch einen in sie geschlungenen Knoten demonstriert werden. Es hat während verschiedener Schlachten in Europa Fälle gegeben, in denen die Flagge verknotet wurde. Die militärisch Verantwortlichen griffen in solchen Fällen meist hart durch und exekutierten diejenigen, die die Fahne auf diese Weise »zweckentfremdet« hatten.

Die Schottische Maurerei charakterisiert sich auch durch ungewöhnliche Erkennungszeichen. Beim 9. Grad beispielsweise muß man einen Dolch gegen die Stirn des Bruders richten, so, als wolle man ihn umbringen. Dieser muß daraufhin seine Stirn mit beiden Händen bedecken. Das ist jedoch noch nicht das Ende der gegenseitigen »Identifizierung«, denn nun muß der Agierende den Dolch in Richtung des Herzens seines gegenüberstehenden Bruders strecken und das Wort »Rikkoreth« ausrufen. Der Reagierende legt daraufhin die rechte Hand auf sein Herz und sagt »Nekah!«, was so viel wie »Rache« bedeutet.

Das Antwortzeichen beim 13. Grad ist ein Kniefall, beim 20. Grad muß ein solcher mit einer sogenannten fünffachen Winkelmaßbildung verbunden sein. Beim 33. Grad schließlich wird die Klinge des Degens dreimal geküßt.

Wie die Worte und Zeichen, so sind auch die in der Freimaurerei gelehrten Berührungen oder Griffe je nach Grad unterschiedlicher Natur. Der Griff für den Lehrling besteht darin, daß man die rechte Hand in die des Bruders legt und dabei die Finger und den Daumen ausgestreckt hält, um ihn auf das erste Gelenk des Zeigefingers zu drükken. Beim Gesellen-Griff drückt man bei sonst gleicher Haltung den Daumen auf das zweite Gelenk des Zeigefingers. Beim Griff des Meisters legt man die offene rechte Hand in die des freimaurerischen Gegenübers, fährt mit den Fingern darauf in der flachen Hand vor und biegt sie dann, indem man die Faust drückt, wieder um. So beschreibt es zumindest das Werk »Der entdeckte Freimaurer«. Übrigens findet man diesen Meistergriff in zahllosen bildlichen Darstellungen, sei es in Wappen, Emblemen, alten und neuen Firmenlogos, Briefmarken usw. usf. Mit hoher Wahrscheinlichkeit haben in diesen Fällen die Gegner der Freimaurerei recht, die in diesen Bildzeichen Signale der Frei-

So sieht der Gesellengriff aus.

maurer-Brüder erkennen wollen. Das Kuriose ist nur, daß derartige Darstellungen in den letzten Jahrzehnten immer zahlreicher geworden sind, von den meisten Menschen aber nicht verstanden werden. Viele schauen sich diese Symbolik zwar an, aber von »sehen« – im Sinne von begreifen – kann hier keine Rede sein.

Besonders bemerkenswert ist, daß es auch eine ganze Reihe von Nationen gibt, die freimaurerische Erkennungszeichen bzw. geometrische Symbole in ihren Wappen bzw. Flaggen ausweisen. Allein diese Tatsache führt die Behauptung, die Freimaurerei betreibe keinerlei Politik, vollkommen ad absurdum, denn hier werden in aller Öffentlichkeit maurerische Insignien präsentiert. Besonders auffallend in dieser Hinsicht ist das Wappen der Republik Argentinien, in dem nicht nur ein typischer maurerischer Griff dargestellt worden ist, sondern auch die freimaurerische rote Jakobinermütze. Aber auch andere Fahnen sind freimaurerisch geprägt (einige von ihnen werden im Zusammenhang mit der geometrischen Symbolik vorgestellt).

Das Wappen Argentiniens.

Doch damit nochmals kurz zurück zu den Berührungen bzw. Griffen. Beim vierten Grad der Johannis-Maurerei, dem sogenannten vollkommenen Meister, gibt es entsprechend der Grad-Zahl auch vier Arten von Berührungen, die für Frieden, Freundschaft, Gleichheit und Erkenntlichkeit stehen sollen.

Darüber hinaus existieren auch noch besondere Schrittarten, welche die Freimaurer allerdings vorwiegend bei den der Einweihung bzw. Beförderung dienenden Ritualen anwenden. Sie sind Bestandteil der bereits erwähnten maurerischen rituellen Reisen, die je nach Grad unterschiedlich ausgeführt werden müssen.

Der Lehrling muß z. B. vom sogenannten »Niedergang«, der durch den Westen des Logentempels charakterisiert wird, in Richtung »Mittag« (Süden) reisen. Ist er dort angekommen, setzt er seine Reise fort, indem er zum »Aufgang« (Osten) geht, um dann schließlich von hier aus seinen Weg in Richtung »Mitternacht« (Norden) fortzusetzen, wo seine Reise endet. Die Reiseroute wird dabei durch den sogenannten Lehrlingsschritt bewältigt, für den es ebenfalls eine symbolische Darstellung gibt, die in der nachfolgenden Darstellung rechts zu sehen ist.

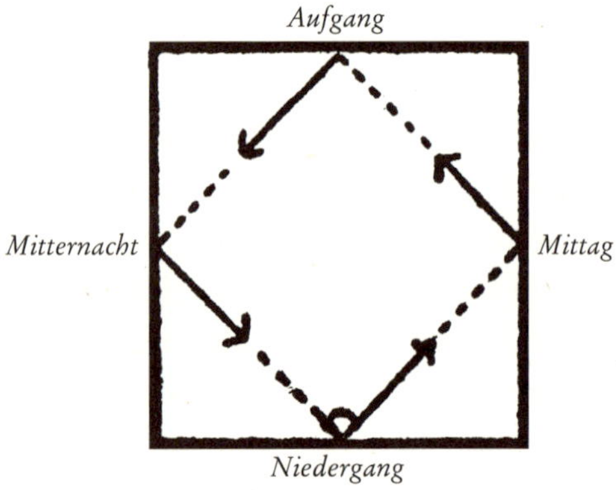

Symbolische Reise des Lehrlings (links) und das Symbol für den Lehrlingsschritt.

Der Geselle hat einen anderen Reiseweg. Er bewegt sich vom Niedergang (Westen) nach Mitternacht (Norden) in Lehrlingsschritten, um dann nach Mittag (Süden) mit dem ersten Gesellenschritt und nach Aufgang (Osten) mit dem zweiten Gesellenschritt zu gehen. Die dazugehörigen Darstellungen sehen wie folgt aus.

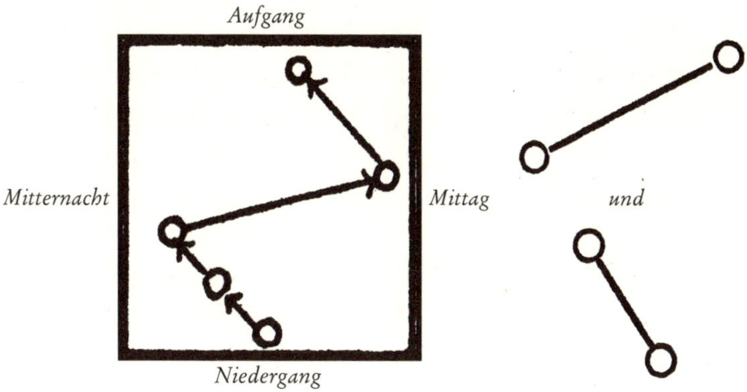

Symbolische Reise des Gesellen (links) und die Symbole für die Gesellenschritte.

Der Meisterschritt unterscheidet sich von den beiden vorgenannten Schritten und hat mit dem im Ritual vorzunehmenden »Steigen über den Sarg« zu tun.

Neben den Worten, Griffen und Schritten zeichnet sich jeder Freimaurer-Grad durch andere charakteristische Unterscheidungsmerkmale aus. Diese betreffen z. B. sogenannte Bijoux, das sind Abzeichen, oder aber Klopfarten bzw. Varianten, wie der Schurz getragen werden muß. In früheren Zeiten trieb man ein beinahe unglaubliches Zeremoniell auch in bezug auf das Verhalten der einzelnen Maurer-Grade bei Tisch innerhalb der Tafellogen. Es gab genaue Vorschriften, wie das Besteck zu halten war, wie man die Gläser leeren mußte usw. usf. Im Laufe der Zeit hat man einige dieser Vorschriften dem moderner werdenden Zeitgeist geopfert, manches ist aber nach wie vor erhalten geblieben.

Ältere freimaurerische Abzeichen (Bijoux), die während der Logensitzungen getragen wurden und je nach Grad und Funktion des Maurers unterschiedlicher Art waren.

Es versteht sich von selbst, daß eine »geschlossene Gesellschaft«, die über eine große Zahl von Symbolen verfügt und deren Anwendung je nach Freimaurer-Grad genau in Vorschriften festgehalten hat, auch in bezug auf die Methode der schriftlichen Kommunikation ihre Eigenheiten besitzen muß. Und so ist es tatsächlich: Freimaurer, die sich in ihren Schreiben als solche bekennen wollen, setzen drei Punkte (.˙.) hinter ihren Namen, der Meister vom Stuhle sogar vier, indem er noch einen Punkt darüber schreibt. Aus diesem Grund werden Freimaurer auch als Dreipunkte-Brüder bezeichnet – ein Begriff, der in der maurerischen Literatur sehr häufig verwandt wird.

Darüber hinaus verfügt die Maurerei auch über eigene Alphabete. Das am häufigsten angewandte besteht aus zusammengesetzten rechten Winkeln, Punkten und spitzen Winkeln. In ihm existieren 22 Buchstaben, wie sie auch im hebräischen Alphabet anzutreffen sind. Um die Zahl von 22 zu gewährleisten, mußte allerdings der Buchstabe »K« weggelassen werden.

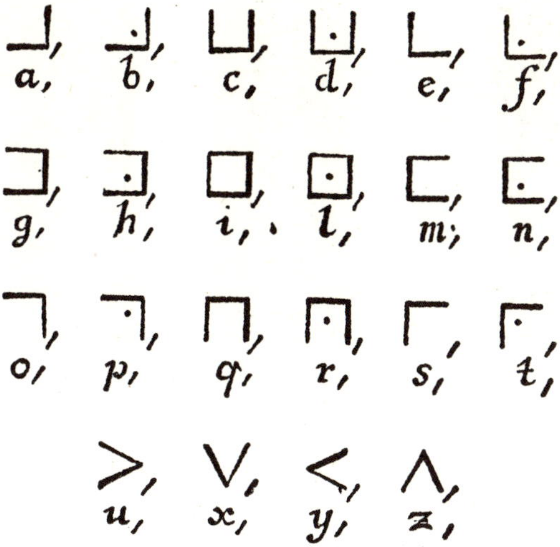

Freimaurerisches Alphabet.

Neben den bereits behandelten freimaurerischen Zeichen und Symbolen müssen auch noch die geometrischen einer Betrachtung unterzogen werden. Es sind dies vor allem das Dreieck, das Viereck, der Fünfstern (Pentagramm) und der Sechsstern. Diese Symbole, die seit alters her Verwendung finden, sind auch in der Freimaurerei von erheblicher Bedeutung und insofern verwirrend, als sie in der heutigen Zeit ebenfalls überall auftauchen, wie z. B. in Firmenlogos. Nur wenige Menschen machen sich allerdings Gedanken darüber, wenn ihnen diese Symbole im alltäglichen Leben begegnen, herrscht doch die Meinung vor, daß sei alles nur Zufall.

Über das Dreieck schreibt das »Internationale Freimaurer Lexikon«:

»Als die erste durch gerade Linien eingeschlossene Fläche und in Beziehung auf die heilige Zahl drei ein in vielen Riten, Mysterien, ebenso in der Kabbala und der Alchemie verwendetes Symbol. Bei den Ägyptern bezeichnet das Symbol die Gottheit, ebenso das D. mit dem allsehenden Auge in der christlichen Symbolik. Zwei übereinandergelegte gleichseitige Dreiecke bilden das Hexagramm, das Davidswappen, das Schild oder Siegel Salomonis, auch das Bauhüttensymbol des mit dem D. vereinigten Zirkels, das ursprünglich die Symbolik des Zusammenwirkens der beiden Kräfte der Welt zum Ausdruck bringen sollte, und zwar bedeutet das mit der Spitze nach oben deutende D. das ›konstruktive Prinzip‹, das mit der Spitze zum Boden weisende das ›destruktive‹, welche beiden Kräfte sich das Gleichgewicht hielten. […]

In der Freimaurerei kommt das D. als Symbol der Gottheit vor (im neunfachen Strahlenkranz mit dem allsehenden Auge). Als D. wird auch das Kränzchen (Triangel) bezeichnet, im Gegensatz zu der durch ein längliches Viereck dargestellten Loge. Logenabzeichen sind häufig in einem D. eingeschlossen. […]«

Das wesentlich ältere Buch »Adon-Hiramitische Freimaurerey« meint zur Bedeutung des Dreiecks:

»Der Triangel war schon den ältesten Völkern bekannt und stellte immer die erste Ursache und selbst das höchste Wesen vor. Das Christentum nahm in als ein Sinnbild der dreifachen Wesenheit oder dreifachen Einheit des Schöpfers an; als aber die Maurerei das Symbol unserer Religion wurde, so kamen alle Meister darin überein, ein gleichseitiges Dreieck zu tragen, und diese Figur wurde nachher das wahre Symbol und Zeichen des christlichen Maurers. Beim Anfange und beim Ende einer Handlung mußte er

einen Triangel formieren, um seine Danksagung gegen die Gottheit dadurch auszudrücken. So entstand das Exerzitium bei der Tafel. Der Kommandant der Ritter, deren die Konstitutionen der griechischen Mönche erwähnen, trug eine dreieckige Medaille, worin ein Zirkel enthalten war, der ohne Zweifel das höchste Wesen anstatt des Wortes Jehova bedeuten sollte.«

Das Dreieck mit der nach oben weisenden Spitze bedeutet also Gott, während das schwarze Dreieck mit der nach unten weisenden Spitze für den Satan steht.

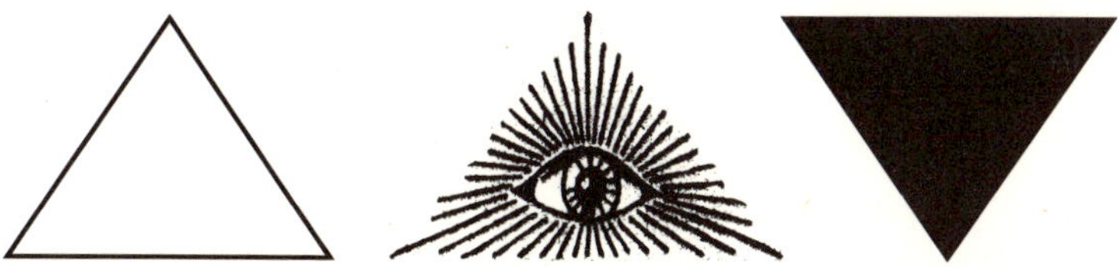

Dreieck, »Allsehendes Auge« und Schwarzes Dreieck.

Das Viereck ist in der Maurerei ebenfalls von Bedeutung, denn jede Freimaurer-Loge der Welt hat die Form eines rechtwinkligen länglichen Vierecks. Bei den alten englischen Bauhütten symbolisierte das Viereck den Inhalt der Religion und der Moral und stellte die Tugenden Mäßigkeit, Klugheit, Gerechtigkeit und Standfestigkeit dar. Die moderne Freimaurerei nutzt es sowohl als Fläche als auch — in räumlicher Form — als Kubus, der den tugendhaften Menschen darstellen soll.

Weitaus wichtiger als das Viereck ist das Pentagramm, der Fünfstern, der in seiner bekanntesten Form einst die Flaggen der Sowjetunion und einiger anderer ehemaliger Ostblock-Staaten zierte. Auch in seinem Fall gibt es eine Ausführung in weiß, die mit nur einer Spitze nach oben zeigt, und das schwarze Pentagramm, das umgekehrt dargestellt wird und so mit zwei Spitzen nach oben weist.

In das erste zeichnete man in vielen Darstellungen einen Menschen ein, in das zweite den Kopf einer Ziege, was den Bezug zu Satan symbolisieren sollte.

Verschiedene Pentagramm-Darstellungen.

Was nun die tiefere Bedeutung des Pentagramm-Symbols angeht, so sind die Ausdeutungen hierzu sehr verschieden und haben im Laufe der Zeit dazu geführt, daß ganze Bücher zu diesem Thema verfaßt worden sind. Eine kurze Darstellung findet sich im »Internationalen Freimaurer Lexikon«:

»Pentagramm oder Pentalpha, Drudenfuß, das aus den Diagonalen oder aus der Verlängerung der Seiten eines Fünfecks entsteht, bzw. aus fünf Alphas gebildet wird, hat von alters her symbolische Bedeutung. Bei den Pytha-

Symbole der Hochgrad-Freimaurerei.

goräern war es ein Gruß- oder Erkennungszeichen, wobei fünf Buchstaben, die ›sei gesund!‹ bedeuteten, die fünf Ecken zierten. Das P. wird auch im Zusammenhang mit dem ›Siegel Salomonis‹ gebracht, da der König es auf dem Grundstein des Tempels angebracht habe. In Goethes ›Faust‹ verhindert es, nach altem Brauch auf die Schwelle gezeichnet, den Eintritt des Bösen, insofern nicht die Spitze nach außen offen ist. In vielen freimaurerischen Systemen steht im P. ein G, umfaßt vom flammenden Stern.«

In der Freimaurerei ist das Pentagramm tatsächlich oft in Form des flammenden Sterns zu finden, in dessen Zentrum der Buchstabe »G« steht. Das reine Pentagramm als Freimaurer-Zeichen findet man aber ebenso häufig, so beispielsweise auf dem Lehrlingsteppich einer Johannis-Loge, der auf Seite 110 abgebildet ist.

Wie ich bereits erwähnte, sind Darstellungen des Pentagramms »außerhalb« der Freimaurerei, oft zusammen mit anderen ihrer Symbole, auf zahlreichen Nationalflaggen zu finden (gewesen), was seitens der Gegner der Maurerei – meiner Meinung nach berechtigterweise – zu der Auffassung geführt hat, daß diese sehr wohl eine Verbindung zur Politik und keine Scheu mehr habe, diesen Sachverhalt auch nach außen hin darzustellen.

Tatsächlich kann man beobachten, daß alle freimaurerisch beeinflußten Staaten den Fünfstern recht häufig verwenden, sei es auf ihren Flaggen, Briefmarken, Wappen von Regierungsbehörden usw. Ein herausragendes Beispiel ist das Sternenbanner der Vereinigten Staaten von Amerika, hier ist für jeden Bundesstaat ein Pentagramm wiedergegeben worden. Auch zahlreiche der US-Regierung unterstehende Organisationen und Einrichtungen enthalten in ihren Wappen bzw. Logos freimaurerische

Symbolik. Ein typisches Beispiel, das an dieser Stelle herausgegriffen und näher betrachtet werden soll, betrifft die *Defense Mapping Agency (DMA)*, eine Behörde, die sich mit Aufgaben der Vermessung und Kartographie befaßt. Ihr Logo ist doppeldeutiger Natur. In einem Wappenrahmen ist z. B. ein Zirkel dargestellt, den man einerseits als Arbeitswerkzeug der Kartographen, andererseits aber auch als freimaurerisches Winkelmaß interpretieren kann. Zudem ist eine schwarz-weiß karierte Fläche zu sehen, die sowohl Planquadrate als auch das freimaurerische Fußbodenmosaik darstellen könnten.

Logo der amerikanischen DMA (Defence Mapping Agency).

Wesentlich eindeutiger ist da schon die allgemein bekannte Abbildung freimaurerischer Symbole, die sich auf der Rückseite jeder Ein-Dollar-Banknote finden läßt. Sie ist nebenstehend abgedruckt. Die bildliche Darstellung zeigt eine Logen-Pyramide mit zusammen 13 Steinschichten, über der das »Allsehende Auge« (das Strahlendreieck) schwebt. Der Schriftzug »Annuit Coeptis« bedeutet »Er ist gnädig gewesen«, während die Formulierung »Novus Ordo Seclorum« »Neue Ordnung des Jahrhunderts« bedeutet. Derartige Darstellungen wundern nicht, wenn man weiß, daß der erste Präsident der USA, George Washington, seinen Amtseid auf

Symbol auf der Rückseite der Ein-Dollar-Banknote.

eine Freimaurer-Bibel ableistete und selbst Bruder einer Loge war. Auch alle anderen US-Präsidenten sollen Freimaurer gewesen sein.

Hochinteressant ist die Tatsache, daß nicht nur Nationen mit westlich-demokratischem Charakter die Freimaurer-Symbolik demonstrierten, sondern auch die nach landläufiger Meinung hierzu im Gegensatz stehenden Länder des früheren Ostblocks, in denen die »Diktatur der Arbeiterklasse« herrschte, die Symbole in sehr auffälliger Weise nach außen hin darstellten. In den letztgenannten Ländern war zwar die Freimaurerei offiziell verboten, was das Verständnis der Situation nicht unbedingt erleichtert, aber die Verwendung der Maurer-Symbole ist ein deutlicher Hinweis darauf, daß hier Anspruch und Wirklichkeit zwei völlig verschiedene Dinge waren.

Die Symbole der Freimaurerei lassen sich schon im ersten sozialistisch-kommunistischen Staat der Welt nachweisen: in der Sowjetunion. Das Pentagramm war hier Synonym für die Sowjetmacht und wurde auf der Nationalflagge wiedergegeben, war aber auch auf den Helmen der Roten Armee überdeutlich zu sehen. Der erste Orden, der von den nach der Oktoberrevolution 1918 an die Macht gelangten Arbeiter- und Soldaten-Räten unter der Leitung Lenins inspiriert wurde, zeigt zwei Spitzen des Fünfsterns, die nach oben gerichtet sind. Zwischen ihnen schlingt sich ein Band entlang, das die Aufschrift »Proletarier aller Länder, vereinigt Euch!« in russischer Sprache trägt.

Eine Wohltätigkeits-Briefmarke der Sowjets, die herausgegeben wurde, um für hungernde Menschen in der Sowjetunion Spenden zu sammeln, weist ebenfalls deutliche freimaurerische Symbole auf. Über zwei Armen, deren Hände einen typischen Freimaurer-Griff zeigen, ist

In den Staatswappen bzw. Emblemen zahlreicher Nationen lassen sich auch in der Freimaurerei verwendete Symbole wiederfinden. In einigen Fällen mag es sich, wie beispielsweise im Wappen von Antigua mit dem Sonnensymbol, um reinen Zufall handeln. Andere Beispiele scheinen allerdings weniger zufällig gewählt. Im Wappen der Bahamas finden sich nicht nur das stilisierte Dreieck, sondern auch Palmwedel, die Sonne und sogar Templerkreuze.
Im Emblem, das jahrzehntelang die Sowjetunion benutzte, entdeckt man neben dem sogenannten roten Bruderband auch den Hammer, das Pentagramm, die Sonne und die Weizenähren.
Das Emblem Brasiliens fällt nicht nur durch eine Vielzahl von Pentagrammen, ähnlich denen des amerikanischen Sternenbanners auf, sondern glänzt durch einen großen Stern, der vor einem Strahlenkranz steht.
Sollten die Schöpfer der Wappen und Embleme wirklich so phantasielos gewesen sein, um auf die Symbolwelt der Freimaurerei zurückgreifen zu müssen?

Antigua

Bahamas

ehemalige Sowjetunion

Brasilien

Sowjetische Spendenmarke aus den 1920er Jahren.

ein Ährenbündel und ein Pentagramm im Strahlenkranz zu sehen. Das ganze Darstellung wird umrahmt von einem Dreieck, und auch die Briefmarke selbst ist dreieckig. Alles nur Zufall? Kaum.

Neben dem Pentagramm ist auch noch ein anderes geometrisches Symbol in den Darstellungen der Freimaurerei anzutreffen: das Hexagramm, auch Sechsstern, Davids Schild oder Salomos Siegel genannt. Ihm kommt meist dieselbe Bedeutung zu wie dem Pentagramm, d. h., es finden sich auch hier bildliche Wiedergaben, die den Sechsstern als flammenden Stern mit dem Buchstaben »G« in der Mitte zeigen. Öffentlich wird der Sechsstern allerdings weitaus weniger oft gezeigt.

Abschließend soll noch kurz erwähnt werden, daß Pflanzen- und Tiersymbole in der Freimaurerei ebenfalls eine Rolle spielen. Sie sind oft sowohl Bestandteil der Johannis- als auch der Hochgrad-Maurerei.

Relativ häufig taucht die Akazie auf. Sie wurde auf dem Grab des getöteten Tempelbaumeisters Adonhiram von seinen drei Mördern gepflanzt, um den Boden unberührt erscheinen zu lassen. Die Akazie ist ein in der Wüste wachsender Baum, den dortigen Bedingungen optimal angepaßt. Er verfügt über harte, stachelbesetzte Zweige und stellt den Bezug zwischen der Maurerei und der Adonhiram-Legende dar, der beim Meister-Grad erscheint.

Weite Verbreitung hat auch das Symbol der Rose innerhalb der Maurerei gefunden. Es gilt dort als der Schatz der Weisheit und der spirituellen Erleuchtung. Darüber hinaus werden auch der Olivenbaum und der Lorbeer genannt sowie allgemein »der Wald« und »die Bäume«. Erwähnenswert ist auch noch der Weizen bzw. das Weizenkorn, das in bildlichen Darstellungen oft auch als Ährenbündel auftaucht und im Zusammenhang mit dem Gesellen-Grad steht.

Häufig in der Freimaurerei vorkommende Tiersymbole sind die Biene, der doppelköpfige Adler, die Schlange, der Pelikan, das Lamm und der Phönix, von denen an dieser Stelle zwei Symbole näher aufgezeigt werden sollen.

Der doppelköpfige Adler ist nicht nur das Wappentier früherer Monarchien, wie der der österreichischen oder russischen gewesen, sondern fungiert als auch Symbol der Maurerei. Er soll an das Binäre einer jeden Gestalt erinnern, also z. B. an das jedem Menschen innewohnende Gute und Böse.

Die Schlange symbolisiert die Wahrheit. Da sie als »nackt« gilt, heißt es von ihr, daß sie nichts versteckt, also keine lügenhafte Erscheinung ist. Das steht in auffallendem Gegensatz zur Schlange der Bibel, die dort als listig bezeichnet wird. Auf freimaurerischen Darstellungen wird die Schlange oft als sich selbst in den Schwanz beißend gezeigt.

Kapitel 4

Freimaurerei, Politik und das Verhältnis zur Kirche

Dieses Buch wäre unvollständig, würden in ihm abschließend nicht noch einige Betrachtungen zur Frage des Verhältnisses der Freimaurerei zur Politik und Kirche angestellt werden. Ich bin mir dabei durchaus der Tatsache bewußt, in ein Wespennest zu stechen, denn das Thema zwingt jeden Autor, der sich damit auseinandersetzt, zu einer Stellungnahme.

Freimaurerische Autoren haben stets geleugnet, daß es einen Zusammenhang zwischen der Ordens- und Logentätigkeit und politischen Ereignissen gegeben hätte, während die Gegner der Maurerei das genaue Gegenteil behaupteten. Je verbissener derartige Anwürfe von den Freimaurern zurückgewiesen wurden, um so heftiger reagierte die Gegnerschaft, so daß sich letztlich beide Fronten verhärteten und das kam, was kommen mußte: Der Vorwurf, die Freimaurerei betreibe heimlich Politik, verfolge sogar Weltherrschaftspläne und sei eine Verschwörer-Organisation, wurde salonfähig.

Bei einigermaßen ausgewogener Betrachtung muß man feststellen, daß beide Seiten teils mit »Argumenten« um sich warfen, die keine waren. Wenn aber z. B. das »Internationale Freimaurer Lexikon« zum Thema des Vorwurfs der freimaurerischen Weltherrschaftspläne seine Auffassung darlegt, dann fühlt man sich als mündiger Bürger zumindest in gewisser Beziehung hinters Licht geführt:

»Daß die Freimaurerei nach Beherrschung der Welt, nach Errichtung einer Weltrepublik streben, daß eine Zentralleitung aller Logen durch ›Unbekannte Obere‹ existiere, ist eine der ältesten Beschuldigungen, die gegen die Freimaurerei erhoben wurde. Schon im 18. Jahrhundert tauchte sie auf […]. Besondere Heftigkeit nahm diese Art der antifreimaurerischen Agitation nach dem Ersten Weltkrieg an, eingeleitet durch Dr. Friedrich Wichtl in Wien

[...], fortgesetzt u. a. durch Ludendorff, den Nationalsozialisten Dr. Rosenberg [...] und die Engländerin Webster. Fast alle diese Autoren verfuhren nach derselben Methode. Sie erbringen den ›Nachweis‹ ihrer – vollkommen falschen – Behauptungen, indem sie alle ihnen mißliebigen Politiker zu Freimaurern stempeln, engste Beziehungen zwischen Freimaurerei und Judentum (bei Ludendorff auch Jesuiten!), später dann auch Bolschewismus, behaupteten und die – nicht bestehenden – ›Zusammenhänge‹ darlegten. Über die ›geheime Oberleitung‹ gingen die Meinungen der Gegner freilich sehr auseinander. Vielfach wurden sie dem Grand Orient de France angedichtet oder Trägern des XXXIII. Grades des A. und A. Schottischen Ritus. Noch andere [...] sprachen von ›unsichtbaren Graden‹, die über den 33. Stufen aufgebaut sind und der ›Alliance Israélite Universelle‹ unterstehen, einem ›Rat der Sieben‹, geleitet vom ›Patriarchen‹, dem ›Ungekrönten König der Welt‹. Auch von den Großlogen von England und New York wurde behauptet, daß sie entscheidende Befehle ausgeben. Diesen Märchen stand gegenüber, daß es nie eine Oberleitung der Freimaurerei (oder auch nur eines Großteils derselben) noch überhaupt eine starke Großlogeninternationale gab. Auch die Lausanner Konföderation der Obersten Räte ist ein sehr lose gefügter Verband, dem keinerlei bindende Beschlüsse zukommen. Von irgendwelcher Einflußnahme auf den Völkerbund *konnte ebenfalls nie die Rede sein.«*

Es ist zweifelsohne richtig, daß für viele von der freimaurerischen Gegnerschaft vorgebrachte Verschwörungstheorien die Beweise fehlen. Beispielsweise sind viele Behauptungen zu den »Unbekannten Oberen« spekulativ. Doch das »Internationale Freimauer Lexikon« irrt in bezug auf die Bewertung der Tatsachen, wenn man alle in dieser Richtung gehenden Hinweise in Bausch und Bogen verdammt. Es ist eine geschichtliche Tatsache, daß sich die Hochgrad-Freimaurerei allzuoft mit politischen Belangen befaßt hat – und dies sicherlich nicht zum Selbstzweck tat oder nur um der politischen Diskussion willen in den Logen. Auch wenn die freimaurerischen Autoren vehement bestreiten, Freimaurerei hätte politischen Charakter, so ist doch das genaue Gegenteil der Fall. Wie sonst läßt sich erklären, daß Politiker Freimaurer waren oder sind? Wenn nach außen hin bestritten wird, daß Freimaurerei und Politik miteinander in Verbindung stehen, dann darf ein Bruder niemals politisch tätig werden. Und umgekehrt sollte jeder Politiker, der etwas auf sich hält und auf seinen guten Ruf bedacht ist, den Bund der Freimaurer meiden. Doch nichts dergleichen ist der Fall (gewesen). Hochrangige politische Vertreter haben keinerlei Probleme, Mitgliedschaften in Maurer-Logen einzugehen, wollen uns dann aber einreden, daß sie eine solche Mitgliedschaft nicht binde. Wer das für die Wahrheit hält, glaubt auch, daß ein Zitronenfalter-Schmetterling Zitronen falten kann.

Prominente Vertreter der Freimaurerei in politischen Ämtern existier(t)en zuhauf, man denke nur an den Kaiser der Franzosen Napoleon Bonaparte oder an die drei US-Präsidenten Theodor Roosevelt, Franklin D. Roosevelt und Henry Truman.

Das beste Beispiel, wie eng Politik und Freimaurerei miteinander verquickt sind, zeigt die Geschichte Großbritanniens auf. Insbesondere England als Teil des britischen Insel-Imperiums wies eine überaus starke Bindung zur Maurerei auf. Andersons Konstitutionenbuch zählte schon bis November 1737 nicht weniger als 115 Logen

Beispiele für Politiker, die Hochgrad-Freimaurer waren. Bild oben: Napoleon Bonaparte (Mitte) beim Besuch einer Pariser Loge. Bild unten: Der von 1901 bis 1909 amtierende US-Präsident Theodore Roosevelt in freimaurerischem Ornat.

auf, die der Großloge von London unterstanden. Unter den dort genannten »hervorragenden Brüdern« befand sich sogar Herzog Franz von Lothringen – damals der Ehegatte der Kaiserin Maria Theresia! Ebenso wie in Frankreich kannte man auch in England Hochgrad-Logen verschiedener Riten, seit 1745 neben der Großen Loge von London noch die von Schottland und Irland sowie eine Großloge mit dem Namen »Alte Maurer«. Die Gesamtheit dieser verschiedenen »geschlossenen Gesellschaften«, und daran kann nicht der geringste Zweifel bestehen, war im damaligen britischen Einflußgebiet die führende geistige Macht.

Zu Beginn des 19. Jahrhunderts arbeiteten unter der lokalen Leitung von 63 sogenannten Provinzial-Logen im gesamten britischen Weltreich etwa 1000 Logen verschiedener Systeme. Dem Namen nach stand seit dem Jahre 1790 der älteste Sohn des Königs Georg III. als Großmeister an der Spitze der Großen Loge von London. Die eigentliche »Geschäftstätigkeit« oblag ihm allerdings nicht, sondern den zu jener Zeit maßgebenden Männern des religiösen und politischen Wandels, »denn die adeligen Großmeister können mit wenigen Ausnahmen nur als Patrone gelten«, wie einst eine freimaurerische Schrift meines Erachtens sehr treffend behauptete.

Als Prinz Georg von Wales im Jahre 1811 an Stelle seines kranken Vaters zum Reichsregenten ernannt wurde, übergab er die Großmeisterwürde seinem Bruder, dem Herzog von Sussex. Nun bekleideten zwei königliche Prinzen die Großmeisterämter in den beiden stärksten britischen Freimaurer-Vereinigungen: der Herzog von Kent leitete die »Alten Maurer«, der Herzog von Sussex »die Brüder des blauen Ritus« von London. Zur Verbesserung der Schlagkraft vereinigten die Prinzen im Jahre

1813 die englischen und schottischen Brüderschaften zur »Großen Landesloge aller Alten Freimaurer in England«. Als deren Großmeister amtierte von nun an der Herzog von Sussex, während der ehemalige Prinz George von Wales, nach dem Tod seines Vaters zu George IV. König von Großbritannien und Irland avanciert, »nur noch« die Oberaufsicht innehatte.

Es versteht sich von selbst, daß bei einer solchen Besetzung politischer und freimaurerischer Ämter eine Trennung von Politik und Maurerei unmöglich sein mußte. Zu keiner Zeit sind Menschen Mitglieder von Organisationen geworden, die ihnen nicht in gewisser Hinsicht nahestanden bzw. für die Durchsetzung eigener Interessen benutzt werden konnten.

Das meiste, was zu Anfang des 19. Jahrhunderts die britische Politik beeinflußte und im Zusammenhang mit den Freimaurer-Aktivitäten der mächtigsten Männer Britanniens stand, ist heute der Allgemeinheit zugänglich. Merkwürdigerweise aber verschweigt man fast vollständig die Einflußnahme einer Nebengruppe der englischen Maurerei, die unter dem Begriff »Orange-Logen« zusammengefaßt wird. Sogar die freimaurerischen Verräterschriften haben sich über diesen besonderen Bund ausgeschwiegen, weil es von ihm heißt, er habe absolut nichts mit der bekannten Freimaurerei zu tun. Das ist allerdings unwahr. Denn der sogenannte »Orden der Orangemen« wurde nicht nur im Jahre 1794 durch den englischen Freimaurer Thomas Wilson gegründet, sondern auch das in ihm realisierte Ritual war eindeutig freimaurerischen Ursprungs. Selbst in bezug auf alle anderen Aspekte der Tätigkeit des Ordens gab es deutliche Parallelen zur Maurerei. Die religiösen und politischen Zielsetzungen der Orange-Logen waren allerdings von sehr deutlicher Natur, weshalb man möglicherweise seitens anderer Freimaurer-Organisationen Abstand zu wahren versuchte. So durften nur reine Protestanten Mitglieder einer Orange-Loge werden. Der Aufnahme-Eid sah zudem eine »förmliche Abschwörung des Papstes« und die Verpflichtung vor, den König und seine Nachkommen zu unterstützen, »solange sie der protestantischen Religion das Übergewicht sichern.«

Bei öffentlichen Auftritten der Orange-Logen war es üblich, daß deren Mitglieder laufend ausriefen, daß sich der Papst zur Hölle scheren möge. Darüber hinaus wurden beleidigende und bösartige Lieder gesungen, die all jene beleidigten, die katholischen Glaubens waren. Doch dabei blieb es nicht, Brüder der Orange-Logen entpuppten sich gelegentlich als recht rabiate Verbreiter ihrer Auffassungen. In einem Bericht der englischen Parlamentskommission von 1835 ist zu lesen,

»daß die Orangisten in Irland ziemlich unverhohlen dahin zu wirken versuchen, die protestantischen Untertanen in die Pachtungen und Erbpachten der Katholiken, die nicht selten gewaltsam daraus vertrieben wurden, einzusetzen, und es konnte nicht fehlen, daß nach und nach jene aus Habsucht entsprungene Verfolgung der Katholiken mehr und mehr in eine religiöse Verfolgung ausartete. Nicht gar selten wurden in einer Nacht zwölf und mehr von Katholiken bewohnte Häuser demoliert und selbst niedergebrannt, und häufig sah man die früheren Bewohner derselben brot- und obdachlos umherirren. […] Wenn jene unglücklichen Verfolgten später in ihre frühere Heimat zurückkehrten, fanden sie überall Protestanten als Inhaber ihres einstiges Besitztumes«.

(Vielleicht wird jetzt mancher Leserin bzw. manchem Leser klar, warum es bis heute — zumindest in Nordirland —

einen teilweise bewaffnet ausgetragenen Konflikt zwischen Katholiken und Protestanten gibt. Die Orange-Logen haben daran einen nicht unerheblichen Anteil!)

Alle im Jahre 1813 im Parlament erhobenen Beschwerden gegen das Wirken der Orange-Logen brachten letztlich jedoch nichts. Man mußte feststellen, daß sich die Organisation »des Schutzes mächtiger und einflußreicher Männer« erfreute. Einer von ihnen, Lord Castlereagh, der auch das Amt eines Ministers innehatte, stellte bei einer Sitzung des Oberhauses fest, daß man die Statuten des Orange-Ordens untersucht und dabei herausgefunden habe, daß »dieselben vortrefflich sind und keinen Tadel verdienten«. Welch ein Treppenwitz der Geschichte: Man hatte den Bock zum Gärtner gemacht – und der präsentierte den Parlamentsmitgliedern das »Untersuchungsergebnis«!

Bald überstieg die Zahl der Orange-Logen jene der Johannis-Maurerei. Allein in London zählte man 50000 Mitglieder! In Irland wurden einer offiziellen Statistik zufolge mehr als 200000 Orangisten gezählt, deren Reihen in England von 300000 weiteren Mitgliedern verstärkt wurden. Ein Untersuchungsbericht stellte fest, daß die dem Großmeister eingeräumte Gewalt eine unbeschränkte war, konnte er doch die Versammlung sämtlicher Orange-Männer zu einer beliebigen Zeit und an einem beliebigen Ort anordnen. Ein besonderes wichtiges Moment war auch die Tatsache, daß innerhalb der Armee-Regimenter derartige Logen existierten.

Die britische Regierung versuchte in der Folge des genannten Parlamentsberichts zwar, wenigstens den größten Auswüchsen des Orange-Ordens Herr zu werden und vor allem aber den Terror gegen die katholische Bevölkerung zu unterdrücken. Doch die Orangisten setzten ihre

Störaktionen fort, so daß die britische Regierung ohnmächtig zusehen mußte. Nicht umsonst hatte es in dem Parlamentspapier in bezug auf die Selbstverständlichkeit, mit der die Orange-Brüder »arbeiteten«, geheißen:

»Sie stützen sich bei ihrem Widerstande auf die Erlaubnis des Herzogs von Cumberland und behaupteten, der Name des Herzogs gelte im Lande so viel als der des Königs und vielleicht noch mehr.«

Damit war die Freimaurerei mit ihre unterschiedlichen Abarten und organisatorischen Formen zu einer Macht geworden, deren Bedeutung und Einfluß enorm war, denn sie war imstande, die britische Politik direkt zu beeinflussen bzw. in bestimmten Fällen sogar zu unterminieren!

Wer das nicht glauben will, sehe sich einmal die Geschichte jener europäischen Ära an, die den napoleonischen Kriegen folgte. Damals erstarkten jene Kräfte in Europa, die die ursprünglich staats- und gesellschaftserhaltenden Grundsätze vertraten. Am 26. September 1815 wurde zwischen Österreich, Preußen und Rußland eine Konföderation gegründet, die auf Basis der weltanschaulichen Leitsätze des Christentums eine auf ewig existierende »Heilige Allianz« entstehen lassen sollte. Ziel war überdies, »eine neue und innigere Verbindung zwischen Politik und Religion anzustreben«, die alle Nationen des Abendlandes einschließen sollte. Mit anderen Worten: Es sollte eine Rechtsordnung entstehen, um das künftige Schicksal der europäischen Nationen zu regeln. Bis zum 6. Oktober 1815 hatten sich diesem Bund alle deutschen (Klein-)Staaten, die Niederlande, die Schweiz, Portugal, Spanien und zahlreiche andere Nationen angeschlossen. Am 6. Juni 1817 folgte dann sogar Frankreich. Auch der englische Regent hatte zunächst zugesagt.

Doch schnell formierte sich Widerstand. Die britischen Logen gingen gegen die Zielsetzungen der »Heiligen Allianz« mit aller Entschiedenheit vor, und die von dem Bund europäischer Staaten angestrebte Wiederaufrichtung christlich-geordneter Staatswesen und eines starken Königshauses wurde sofort torpediert. Obwohl der Prinz von Wales als Regent des britischen Reiches seinen völligen Beitritt zu den Prinzipien der Vereinbarung vom 26. September 1815 erklärt hatte, wurde ein paar Jahre später, 1819, im englischen Parlament behauptet, dies sei ohne Zustimmung und Gegenzeichnung des verantwortlichen Ministers Castlereagh geschehen, des Mannes also, der Politiker, Freimaurer und auch Mitglied einer Orange-Loge in einer Person war! In den 1820er Jahren verabschiedete sich Großbritannien schließlich von allen Bindungen, die es im Zusammenhang mit der »Heiligen Allianz« gegeben hatte. Statt dessen wurde nun eine Koalition der konstitutionellen Staaten des Westens propagiert, die neuen Gesellschaftsformen und dem vielgerühmten Liberalismus Raum schaffen sollte.

Daß man dieses Ziel in vielerlei Hinsicht erfolgreich verwirklichte, steht angesichts der heute vorherrschenden gesellschaftlichen Verhältnisse, die auch eine Verbesserung des Lebensniveaus für breite Bevölkerungsschichten mit sich brachten, außer Frage. Es darf allerdings nicht vergessen werden, daß dieser Wandel mit dem Tod von Millionen Menschen erkauft wurde, die in einem Ränkespiel aus (Geheim-)Politik, hinter der Bühne laufenden Aktionen und bewaffneten Konflikten ums Leben kamen.

Eine Erörterung der Frage, ob die (Hochgrad-)Freimaurerei Politik betreibt, ist angesichts dieser in bezug auf die britische Politik sichtbar werdenden Zusammenhänge mit einem klaren »Ja« zu beantworten. Und wer immer noch keine Verbindung sehen will oder diesbezügliche Zusammenhänge sogar lebhaft bestreitet, dem seien an dieser Stelle die nachfolgenden augenöffnenden Sätze empfohlen, die in der einst in Leipzig erscheinenden »Freimaurerzeitung«, Ausgabe vom 9. Mai 1874, abgedruckt wurden:

»Die Johannisloge ist notwendig als Vorstufe der Hochgrade. Auch ist sie gut zur Ausübung von Werken der Barmherzigkeit. ***Der Schwerpunkt unserer Arbeit liegt in den Hochgraden. Dort machen wir den Fortschritt, die Politik und die Weltgeschichte.*** *Darum ungeschmälerte Aufrechthaltung des Schottentums. In ihm hatten unsere Väter ihre glorreichen Taten vollbracht, die Tyrannen gestürzt. Die Fremden verjagt. Darum brauchen wir das Schottentum. Was soll uns die Johannesfreimaurerei? Nichts anderes, als uns ihren friedsamen Namen leihen, damit wir unsere Feinde überlisten. Was soll uns das Symbol? Es soll uns schirmen und Schild sein am Tage des Kampfes. Nichts weiter. Was sollen uns alle Formen der Loge? Sie sollen uns verstecken vor unseren Feinden, wenn wir Unglück haben oder der Erholung und Sammlung bedürfen.«* (Hervorhebung durch d. Verf.)

Nur wenige Monate vor diesen in jeder Hinsicht erhellenden Äußerungen hatte die freimaurerische »Bauhütte« (Berlin 1872, S. 140) schon verlautbaren lassen:

»Wenn je die Loge irgend eine Wohltätigkeit ausübt, so geschieht das nicht aus Mitleid mit den Bedürftigen, sondern wird nur als Passagierzoll oder als Legitimationsgebühr für die Außenwelt betrachtet.«

Doch es kommt noch besser. Ein Bericht der freimaurerischen Luxemburger Konferenz von 1912 erklärte u. a.:

»Erklärtes Hauptziel der Freimaurerei ist die Vereinigung aller Freimaurer der Welt als unerläßliche Vorbedingung für die Errichtung einer freimaurerischen Weltrepublik.«

Vor Gericht müßte man an den die Verhandlung leitenden Richter angesichts solcher freimaurerischer Zitate nur noch einen Satz formulieren: »Haben Sie noch Fragen, Eurer Ehren?«

Daß die Hochgrad-Freimaurerei Politik betreibt, steht also ganz und gar außer Zweifel. Genauso ist unzweifelhaft, daß diese Politik in weiten Teilen geheim betrieben wurde und wird – und dabei während der letzten drei Jahrhunderte gewisse Erfolge verbuchen konnte. Nicht umsonst tauchen freimaurerische Symbole immer häufiger im öffentlichen Leben auf, wo sie – wenn die Freimaurerei eine von den Brüdern *intern* betriebene, geschlossene Angelegenheit wäre – genaugenommen nichts zu suchen haben. Die Behauptung, bestimmte freimaurerisch genutzte Symbole seien, wenn sie auf Emblemen, Wappen, Flaggen, Logos und in der heute überall anzutreffenden Werbung auftauchen würden, reiner Zufall, entspricht unmöglich der Wahrheit. Zu allen Zeiten sollten Symbole Wissenden Informationen übermitteln, also zu ihnen sprechen! Der Eingeweihte versteht sie ohne Erklärung, während der Normalsterbliche schaut – und doch nichts sieht.

Ob es sich bei all dem, was ich auf den letzten Seiten aufzeigte, um eine Verschwörung handelt, welche die Grundfesten der abendländisch-christlichen Kultur zerstören will, bleibt meines Erachtens offen. Es gibt dafür einerseits deutliche Hinweise, es ist aber andererseits Tatsache, daß die Hochgrad-Maurerei eine Vielzahl ihrer Zielsetzungen (Demokratie, Liberalität) – ob nun mit oder ohne Politikanbindung — mittlerweile verwirklicht sieht. Die Lebensverhältnisse der meisten Menschen haben sich gegenüber den Zuständen des 18. und 19. Jahrhunderts massiv verbessert. Der Einfluß der Kirche ging zurück und die Nationalstaaten christlich-abendländischer Prägung verlieren immer mehr an Bedeutung, während der allgemeine Druck der Globalisierung zunimmt und übernationale Organisationen wie beispielsweise die Europäische Union einen immer stärker werdenden Einfluß ausüben, ohne jedoch die wirklich wichtigen Probleme der Menschheit lösen zu können. Angesichts dieser Sachverhalte dürfte die Saat der Hochgrad-Freimaurerei, so es eine solche gegeben hat, zwischenzeitlich aufgegangen sein. Die Frage ist nur, ob die Welt unter freimaurerischem Einfluß eine bessere geworden ist. Ich wage das zu bezweifeln ...

Eines hat die Freimaurerei aber auf gar keinen Fall geschafft: den Menschen sittlich zu veredeln. In dieser Hinsicht hat sie meines Erachtens *komplett* versagt, denn der Mensch ist das geblieben, was er immer war. Schlimmer noch, trotz der Tatsache, daß Freimaurer hohe politische Ämter bekleideten und direkt in Entscheidungen eingriffen, verrohte die Menschheit in sittlicher Hinsicht immer mehr. Zu keiner Zeit wurden so große Verbrechen begangen, zu keiner Zeit wurden so brutale Kriege geführt, zu keiner Zeit herrschte solcher Egoismus unter den Menschen — wie in den letzten 100 bis 200 Jahren unserer Geschichte.

Sollte es also wirklich einen Plan für eine Verschwörung geben, die eine einzige »Weltrepublik« oder — in anderen Worten — eine »Eine-Welt-Regierung« zum Ziel hat, so ist heute schon klar, daß dieser zum Scheitern verurteilt ist. Allein das menschliche Wesen spricht dagegen. Mögen auch die klügsten und besten Strategen einer solchen »One World« glauben, daß es eines Tages möglich sein wird, alle Menschen unter einem System zu vereinen, so werden auch diese irgendwann eines Besseren belehrt werden. Die Gegenwart zeigt doch überdeutlich, daß politische Systeme instabil und Voraussagen damit so gut wie unmöglich sind. Die Geschichte der menschlichen Zivilisation beweist zudem, daß Großreiche nie eine lange Lebensdauer hatten. Das Römische Reich überdauerte einige Jahrhunderte, die Sowjetunion nur einige Jahrzehnte, das Tausendjährige Reich gar nur zwölf Jahre. Kein wie auch immer geartetes politisches Großsystem kann und wird auf Dauer Bestand haben! Wenn dennoch immer wieder von einer neuen, einheitlichen und globalen Ordnung – ob mit realen Ambitionen in dieser Hinsicht oder nicht – gesprochen wird, so ist das Ganze nichts weiter als eine höchst gefährliche politische Traumtänzerei, weil mit den Realitäten nicht vereinbar. Wer kennt die Zahl der Menschen, die für solche illusorischen Ideen im Laufe der menschlichen Geschichte ihr Leben lassen mußten?

Zum Schluß dieses Kapitels seien mir noch einige Bemerkungen zum Verhältnis der katholischen Kirche zur Freimaurerei gestattet. Ich wies bereits am Anfang meines Buches darauf hin, daß beide Parteien in unversöhnlicher Feindschaft zueinander stehen. Dabei war die Freimaurerei anfänglich eigentlich kaum in ernsthafte Schwierigkeiten mit der Kirche geraten. Eher das genaue Gegenteil war der Fall: Oft nahmen die Brüder geschlossen an Gottesdiensten teil, in denen Priester predigten, die, wie man weiß, über dem kirchlichen Ornat das blaue Band der Maurerei trugen. Es war auch durchaus nicht ungewöhnlich, wenn hohe katholische Geistliche Mitglieder von Logen waren. Indes, die Zeiten sollten sich ändern …

Im Jahre 1832 veröffentlichte der Autor J. Reiß beim Arthur-Wolf-Verlag in Wien und Leipzig sein hochinteressantes Büchlein »Die Oesterreichischen Freimaurer«, in dem er erstmals die Namen führender Freimaurer aus Wien publizierte. Allerdings tat er das nicht einfach so, sondern mit ausdrücklicher Genehmigung der Betroffenen, bzw. dann, wenn die Genannten schon das Zeitliche gesegnet hatten. In der von Reiß aufgezeigten Liste fanden sich Künstler, Schriftsteller, Vertreter des Adels — und solche des Klerus. Hier einige Beispiele:

- Friedrich Franz Josef Graf Spaun, Domherr zu Salzburg und Passau
- Urban Hauer, Abt in Melk
- Johann Baptist Albertini, Rektor des Generalseminars für Bildung und Erziehung des Tiroler Klerus
- Franz Poschinger, k. k. Hofgeistlicher in Wien.

Diese Aufreihung ließe sich beliebig fortsetzen, die wenigen Namen mögen jedoch genügen, denn sie zeigen deutlich auf, daß die Mitglieder der Freimaurerei in katholischen Kreisen durchaus einflußreiche und wichtige Personen waren. Obwohl der Abwehrkampf gegen die Freimaurerei seitens der Kurie später wesentlich verstärkt wurde, ist man der Unterwanderung kirchlicherseits niemals mehr Herr geworden, wie das detailreich geschilderte Buch »Wir klagen an. Zwanzig römische Prälaten über die dunklen Seiten des Vatikans« (Aufbau-Taschenbuchverlag, 2001) dokumentiert, in dem es beispielsweise heißt:

»Die unsichtbare Hand der Freimaurerei im Vatikan, im Mittelpunkt verborgener Mächte zwischen Hochfinanz und hohen Ämtern, ist überall spürbar: in den Aufnahmeverfahren, in den Beförderungen, im Zusammenhang mit

Verleumdungen oder Lobreden für diesen oder jenen Monsignore. So trägt dieses Zentrum, das nach göttlichem Willen ein Leuchtturm sein soll, in seinem Leib seit langer Zeit Geschwüre, die es zersetzen.«

An anderer Stelle wird man noch deutlicher:

»Schließlich berichtete die mexikanische katholische Zeitschrift ›Proceso‹ am 12. Oktober 1992, die Freimaurer hätten das Territorium des Vatikans in acht Bereiche unterteilt, die von den vier dem schottischen Ritus folgenden Freimaurerlogen beherrscht würden. Ihre Adepten, hohe Funktionäre des Kirchenstaates, seien unabhängig voneinander und würden sich auch nicht durch Daumenklopfen erkennen.«

Angesichts dieser Zitate stellt sich die Frage, wie weit die Freimaurerei in die katholische Kirche einzudringen vermochte, genaugenommen gar nicht mehr. Es scheint doch vielmehr so zu sein, daß sie ihre Tätigkeit von den unteren Ebenen der kirchlichen Hierarchie über die mittleren Schichten bis in die Spitzenpositionen ausdehnen konnte.

Doch wie weit konnte sie wirklich in die Spitze der Katholica vordringen? Diese Frage wird verschieden beantwortet. Ich möchte, wenn auch mit der gebührenden Zurückhaltung, darauf verweisen, daß manche Autoren und Rechercheure, die sich mit dem Thema näher beschäftigt haben, sogar die Auffassung vertreten, der heutige Papst sei ein Freimaurer …

Auch wenn das manchen Leser im ersten Moment erschüttern mag, so muß man sofort hinzufügen, daß es für eine solche Spekulation keinerlei Beweise gibt. Die Behauptung beruht auf der angeblichen »Tatsache«, daß ein Foto existiert, das in der Zeitung des Vatikans, dem

»L'Osservatore Romano« am 23. Juni 1995 erschien und Papst Paul II. bei der Begrüßung des deutschen Priesters Johannes Sonnenschein zeigt. Hierbei, so einige Autoren, hätten sie den freimaurerischen Händedruck vollzogen. Ich habe mir das »Beweis«-Foto, das nachfolgend abgebildet ist, genauer angesehen, kann aber keine Bestätigung für diese durch die Verschwörungsliteratur geisternde Auffassung finden.

Das Foto aus dem »L'Osservatore Romano«, das Papst Paul II. angeblich bei einem freimaurerischen Händedruck zeigen soll.

Übrigens ist nicht nur Papst Paul II. Opfer derartiger Verdächtigungen geworden. Ähnliches behauptete man auch schon von anderen Päpsten. Papst Pius IX. sagte man beispielsweise nach, er sei in seiner Jugend Mitglied der Freimaurerei gewesen. Doch auch für dieses Gerücht blieb man jeden Beweis schuldig.

Die beiden letztgenannten Beispiele zeigen, daß nicht alles, was in bezug auf die Freimaurerei an Kritik und Verdächtigungen von freimaurerischen Gegnern in Umlauf gebracht worden ist, auch wirklich den Tatsachen entspricht bzw. Überprüfungen standhält. Es gilt, wie so oft im Leben, zu differenzieren. Fakt ist aber auch, daß das Bild, das die Freimaurerei von sich gern in der Öffentlichkeit zu zeichnen versucht, ebensowenig stimmig ist. Ich habe aufgezeigt, wo die Schwachpunkte liegen und daß es in zahlreichen Fällen ausreicht, freimauerische Quellen zu Wort kommen zu lassen, um sich über bestimmte Sachverhalte ein Urteil bilden zu können. Dabei zeigt sich, daß es einen offensichtlichen Widerspruch zwischen Anspruch und Wirklichkeit gibt, der durch das Wesen und Wirken der Hochgrad-Freimaurerei noch vertieft wird.

Ist die Freimaurerei wirklich nur eine »geschlossene Gesellschaft«? Oder doch eher ein Geheimbund, dessen Ziele kritisch hinterfragt werden müssen? Ich hoffe, daß sich meine Leserschaft nach dem Studium dieses Buches diese Frage selbst beantworten kann …

Literatur

Bei den nachfolgenden Literaturverweisen handelt es sich um einen absichtlich klein gehaltenen Auszug des verwendeten modernen Materials, das für ein Studium weiterer Darstellungen zur Freimaurerei empfohlen werden kann. Andere Literatur- bzw. Quellenverweise, die vor allem alte und ursprüngliche Quellen betreffen, finden sich in den einzelnen Kapiteln dieses Buches.

Anderson, Jakob: Die Constitutionen der Freimaurer, enthaltend die Geschichte, Pflichten, Verordnungen usw. dieser sehr alten und sehr ehrwürdigen Bruderschaft. Zum Gebrauch der Logen, 1. Auflage, 1723

Binder, Dieter A.: Die Freimaurer – Ursprung, Rituale und Ziele einer diskreten Gesellschaft, Herder, Freburg/Basel/Wien 1998

Bock, Hans Otto: Die Rituale der Freimaurer. Eine Studie über die möglichen unabänderlichen Bestandteile, Akazien-Verlag Alfred Buss, Hamburg 1963

Bokkor, Charles v.: Winkelmaß und Zirkel. Die Geschichte der Freimaurerei, Wien/München 1980

Brachvogel, Wolfgang: Von Maurern und Logen. Interessantes und Kurioses aus aller Welt, Hamburg 1979

Brüning, Erich & Graf, Harry: Freimaurerei – Wolf im Schafspelz. Die unterschätzte Subkultur, Schwengeler-Verlag, Berneck, Schweiz, 2001.

Daiber, Albert Ludwig: Elf Jahre Freimaurer, Verlag Walter Hädecke, Stuttgart o. J.

Endres, Franz Carl: Die Symbole des Freimaurers, Franz Mittelbach Verlag, Stuttgart 1952

Endreas, Franz Carl: Das Geheimnis des Freimaurers, 7. Aufl., Franz Mitelbach Verlag, Stuttgart 1952

Holtorf, Jürgen: Die verschwiegene Brüderschaft. Freimaurer-Logen: Legende und Wirklichkeit, München 1988

Holtorf, Jürgen: Die Logen der Freimaurer — Einfluß, Macht, Verschwiegenheit, Sonderausgabe für Nikol-Verlagsgesellschaft, o. J.

Lennhoff, Eugen: Die Freimaurer — Geschichte, Wesen, Wirken und Geheimnis der Königlichen Kunst, Phaidon-Verlag, Wien 1932

Lennhoff, Eugen; Posner, Oskar; Binder Dieter A.: Internationales Freimaurer Lexikon, überarbeitete und erweiterte Neuauflage der Ausgabe von 1932, F. A. Herbig Verlagsbuchhandlung, München 2000

»Latomia«, Freimaurerzeitschrift mit vierteljährlicher Erscheinungsweise (verschiedene Ausgaben)

Löhde, Walter: Der Kaiserschwindel der »hohen« Politik, Ludendorffs Verlag GmbH, München 1941

Oliver, George: History of Masonery from the year 1829 to the present time, London 1841

Peuckert, Will-Erich: Geheimkulte, Wilhelm Heyne Verlag, München 1996

Platon: Die Freimaurerei als Zerstörerin Deutschlands und Europas — Wer steht dahinter?, Verlag »Wahrheit und Recht«, Großjena o. J.

Ranieri, Luigi: Die Loge — Macht und Geheimnis der Freimaurer, Bastei Lübbe Taschenbuch, 4. Auflage, 2001

Schreiber, Hermann & Schreiber, Georg: Geheimbünde von der Antike bis heute, Weltbild-Verlag, Augsburg 1993

Schuster, Georg: Geheime Gesellschaften, Verbindungen und Orden, 3. Aufl., Lizenzausgabe für Fourier-Verlag, Wiesbaden 1996